ADOLFO AGÜERO ESGAIB

LADRONES DEL ÉXITO

10 "PRINCIPIOS" QUE TE ROBAN EL FUTURO

WHITAKER
HOUSE
Español

Editado por: Ofelia Pérez

Ladrones del éxito
Los 10 "principios" que te roban el futuro

ISBN: 978-1-64123-737-6
eBook ISBN: 978-1-64123-738-3
Impreso en los Estados Unidos de América
© 2021 por Adolfo Agüero Esgaib

Whitaker House
1030 Hunt Valley Circle
New Kensington, PA 15068
www.whitakerhouse.com

Por favor, envíe sugerencias sobre este libro a: comentarios@whitakerhouse.com.

1 2 3 4 5 6 7 8 9 10 11 ⨇ 28 27 26 25 24 23 22 21

DEDICATORIA

A todos los que no renuncian,
que sirven humildemente a su generación
con amor y entrega total.
Aquellos que con sus logros hacen la diferencia
a favor de la gente.

AGRADECIMIENTOS

Mi eterna gratitud siempre a Dios. A Jesucristo por ser lo más grande que existió y existirá, mi Salvador y Rey. Gracias por no abandonarme, darme la fe y la fuerza; gracias por inspirarme todos los días. Como siempre lo declaro: todo lo que soy, tengo y hago es para Tu gloria.

Agradezco a tantas personas que de manera desinteresada y con mucho amor y don de servicio, siempre me ayudaron:

Quiero empezar agradeciendo a mi amada esposa Laura: gracias por todo. Enumerar las cosas que haces por las personas que amas y también por las que ni siquiera conoces sería interminable. Eres una gran mujer marcada para inspirar y llevar esperanza a todo el mundo. Dios te dio grandes talentos y siempre los usas para su gloria. Gracias por cuidar con tanto amor de tu familia. Eres un regalo inmerecido de Dios para mi vida. Te amo.

A mis dos varones hermosos, Mateo Andrés, y Mateo y Andrés y a mi princesa Leonor. No se imaginan cuánto los amo. Mientras escribo estas líneas pienso en ustedes como en cada libro que he escrito y, si Dios me da de su gracia, en los que escribiré. Son para ustedes. Son legados de un padre perdidamente enamorado que deja a sus hijos y a los que han de venir para que les sirvan, con mucha humildad lo digo, como consejo e inspiración. Sé que serán grandes líderes en el lugar donde Dios los llame a estar. Cuando lean esto espero que les sea de gran bendición. Gracias por estar ahí e inspirarme cada día a no renunciar. Los amamos profundamente.

Modestia aparte, Dios me hizo nacer en una familia de guerreros conquistadores, de líderes que vuelan alto; que donde ellos están se siente esa presencia que inspira a lo diferente. Quiero agradecerles a ellos, a mi familia, empezando por mis padres, Emilio y Cafi, porque sus vidas son una inspiración de conquista, resistencia y lucha. Nos enseñaron que la derrota no es una opción, que si caemos que sea solo de rodillas y ante Dios. Son personas que inspiran mi vida, la de mis hermanos y hermanas. Su legado será eterno.

Mis amados hermanos y hermanas: Emilio y Lili, Salmi, Hito y Dudi, Cafi, Antonio y Tania, líderes que inspiran, de una sola pieza, con virtudes y defectos como humanos, pero con una sola consigna: servir a Dios y amar al prójimo. Gracias por estar siempre. Dios nos escogió para volar juntos. Los amo.

A mis queridos suegros: Don Rojas y Ña Cele. Gracias por el apoyo y las oraciones de siempre. Son de gran bendición.

A la Iglesia Más Que Vencedores de Asunción, Paraguay, mi gran familia espiritual. Gracias por sus oraciones y cariño. Los amo entrañablemente.

Gracias a todo mi equipo de trabajo ministerial y a los del Departamento de Comunicaciones de MQV, compañeros de ministerio, lucha y visión.

A los que me ayudaron con este libro con sus dones y talentos: Karen Núñez, Daniel Gavilán, Diego Enciso, Ángel Ayala, Juan Cruz y muchos otros. Gracias por las correcciones y los consejos, por su disposición y creatividad en los diseños, fotografías y videos.

A amigos muy especiales que también son como mi familia: Rodrigo Amidey, Ingrid Köhn y Mirtha "Mamama" Sánchez y a toda su familia. Gracias por su cariño sincero y apoyo incondicional de siempre. ¡Son amigos de verdad! Gracias por inspirar a la perseverancia y permanecer en la lucha a pesar de los duros golpes que puede dar la vida. Gracias por ser compañeros en las batallas y amigos en la alegría.

A mis queridos Don Carlos y Gisela Walde, y por medio de ustedes a toda su hermosa familia. Gracias por el cariño y aprecio, y les aseguro que es mutuo. Mi familia y yo les estamos agradecidos por todo. Gracias por amar tanto a Dios y a lo que Dios ama. Gracias por darse todo por el Señor. Siempre estarán en nuestras oraciones. Su obra y su legado trascenderá generaciones.

A la gran familia y equipo editorial de Whitaker House Español. Siempre lo digo, me honra ser autor de ustedes. Gracias, Xavier Cornejo, por tu amistad. Tu vida me bendice e inspira mucho. Gracias por empujarme y alentarme siempre. Eres un gran líder; un soñador que hace esos sueños realidad. Gracias también a Ofelia Pérez por las correcciones, ¡qué gran bendición trabajar contigo! Gracias por tu paciencia y enseñanza. Es un lujo tenerlos como equipo y amigos.

A todos mis amigos en general, principalmente a mis amigos íntimos, esos que están ahí en mi rincón ante las peleas más duras de la vida. Gracias por alentarme siempre. Esas historias que vivimos juntos nutrieron este material y mi vida.

A todos los pastores y líderes que me apoyaron con sus oraciones, consejos y comentarios en este proyecto, que escribí pensando mucho en ustedes también. En esta carrera no podemos renunciar. Seamos líderes como Dios manda. Imitemos siempre el modelo de Cristo: de servicio, entrega y amor al prójimo.

A ti, mi querido lector, gracias por leer este libro. Qué gran satisfacción para un escritor saber que de alguna manera y en algún lugar alguien está leyendo estas páginas, que está siendo bendecido y transformado por ellas. Esa es la mayor recompensa.

A todos… simple y profundamente, ¡gracias!

Adolfo A. Agüero Esgaib

¿CÓMO TE RECORDARÁN?
¡QUE TU VIDA DEJE UN LEGADO QUE INSPIRE!

ÍNDICE

INTRODUCCIÓN

A lo largo de estos años he tenido la oportunidad de hablar con muchas personas sobre diversos temas; líderes en diferentes áreas. Pero me he percatado que la mayoría de nuestras conversaciones tienen que ver con el futuro. El éxito. El fracaso. En un mundo donde el término éxito está distorsionado limitando su significado a tener mucho dinero o fama, es importante y diría hasta urgente, hablar sobre ello enfocándonos de manera sana. El éxito es vivir el propósito para el que fuimos creados por Dios.

En medio de las pláticas, las peticiones de consejos surgen y en lo personal, lo hago con mucho respeto y cuidado, porque entiendo que un mal consejo puede desatar decisiones equivocadas. Analizo las situaciones para poder ayudarlos a ser más efectivos en lo que hacen y a resolver algunos problemas que muchas veces acarrea la posición que tienen.

> El éxito es vivir el propósito para el que fuimos creados por Dios.

En una oportunidad, hace ya algunos años, una persona muy carismática en su liderazgo me pidió ayuda, casi auxilio, para intervenir en el grupo que él lideraba, pues este no solo no estaba creciendo en tamaño ni profundidad, sino todo lo contrario, cada día perdía más gente que salía decepcionada de aquel lugar al que pertenecía. Cada día, en vez de experimentar el éxito, lastimosamente experimentaba casi el fracaso.

"Claro que sí", le dije cuando me solicitó la intervención y el asesoramiento. Lo escuché atentamente durante varios días, mientras se desahogaba y me contaba sus penurias y preocupaciones de ayer, hoy y las que vendrían. Después de escucharlo todo, me di cuenta entonces del primer gran error que tenía: No había ningún error, según él. *"¿Cómo le estaba pasando esto si todo lo hacía de manera correcta?"*, decía. *"Soy una persona intachable, moralmente correcta y honesta. No veo qué estoy haciendo mal"*, me lo dijo no solamente una sino varias veces durante nuestras conversaciones. Y realmente le daba la razón en algunas cosas. Como, por ejemplo, que era una persona honesta y moralmente correcta. Al menos, no se sabía de nada turbio o algo así. También reconozco que, según su óptica y el relato de

los hechos que él hacía, aparentemente no estaba haciendo nada malo. Eso me parecía muy raro. Pero, como les dije, *ahí estaba su primer error: no veía errores; y como no los veía, no había nada que tratar ni mejorar.*

No existía en él una actitud de autocrítica ni de análisis objetivo. Él no veía nada malo. Y, antes de continuar el relato, quiero decir algo a todos los que me leen: No existen los líderes perfectos, ni el liderazgo perfecto, ni las personas o los planes infalibles.

Le dije, después de escucharlo todo, qué quería hablar con las personas a su cargo. Quería tener una serie de charlas con su primer anillo, con la mayor parte del pueblo que lo seguía todavía y con quienes lo siguieron alguna vez. También quería conocer de fondo su organización y cómo encaraban sus diferentes áreas.

> No existen los líderes perfectos, ni el liderazgo perfecto, ni las personas o los planes infalibles.

No le gustó mucho mi idea; pero entendió también que eso era necesario, ya que, en todo ese tiempo, *"él no veía ningún error en su proceder".*

Lo hice. Empecé a conocer el lugar y a entrevistarme de uno a uno con muchas personas, matrimonios, familias, jóvenes y no tan jóvenes, unos cultos, otros no tanto. Cada uno me iba diciendo las cosas que no le gustaban de él. Cosas en su trato, o en su carácter, o en su forma de proceder. Anoté todos esos "principios" y profundicé en los que la mayoría tenían en común en contra de él y la situación determinada. Nadie tocó su moral ni honestidad, a pesar de preguntarles directamente sobre el tema; categóricamente esos no eran sus problemas. Pero sí eran otras cosas más "sutiles" que estaban destruyendo aquello que con tantos años y esfuerzo había estado levantando.

> Muchas veces, lo que destruye lo que construimos no son necesariamente los grandes, obvios y visibles enemigos, sino los pequeños que no atendemos o eliminamos a tiempo. ¡Cuidado!

El liderazgo y el éxito no se construyen solo con carisma. Son muy importantes, sin duda, pero no lo son todo.

Bien dice la Biblia en Cantares 2:15 (NVI): *"Atrapen a las zorras, a esas zorras pequeñas que arruinan nuestros viñedos, nuestros viñedos en flor"*. Muchas veces, lo que destruye lo que construimos no son necesariamente los grandes, obvios y visibles enemigos, sino los pequeños que no atendemos o eliminamos a tiempo. ¡Cuidado!

Después de un tiempo, fui con mis anotaciones, conclusiones y consejos junto a él, para ayudarlo a que verificara eso en su vida, su institución y su liderazgo; también para que tomara nuevos rumbos con su organización y ver, con todo, la posibilidad de salvar la situación.

Soy muy frontal, y no ando con rodeos. No soy diplomático ante el peligro, y más cuando veo que la cosa está realmente mal.

Mi carácter es así. Fui directo con él. Le dije todo aquello que veía que tenía que cambiar de manera urgente y que, sinceramente, pensaba lo mismo que sus seguidores y obreros, ya que lo conocía desde hacía ya un buen tiempo atrás. Cuando hablaba con ellos, lo describían perfectamente a él.

El noventa por ciento de las acusaciones las negó, y dijo que no era así; incluso, quiso echar a los que osaron decir eso. Al diez por ciento restante les dio *"una cuota de posibilidad"* y dijo que lo analizaría y vería *"si era tan así o no"* para cambiarlo. Uno de los más **grandes principios que te roban el éxito** y cualquier otra cosa, además de ser la antesala de una caída estrepitosa y segura, es el *orgullo*. Lo tocaremos en un capítulo de este libro.

Ahí me di cuenta de que era cuestión de tiempo para que todo cayera. Él dejó de hablarme, creo que fue porque lo vi "desnudo" en su liderazgo y posición gerencial; vi cosas que él no quería que viera o en las que no estaba de acuerdo. Él no vio una oportunidad para cambiar. No aprovechó cuando aún era tiempo de hacerlo.

Poco más de un año después, me enteré de que todo terminó en su organización, lo que dejó grandes daños colaterales y heridos por todos lados. Fue muy triste. Perdió así una posición importante de liderazgo donde, con el paso del tiempo, pudo haber sido guía, influencia y bendición para quién sabe cuántos miles de personas.

De esas entrevistas extraje muchos principios que compartiré en este libro, y otros que he ido incorporando con el correr de los años y la experiencia. Esa oportunidad fue el detonante para querer escribir, alguna vez, un libro que hable de esos principios que te roban el futuro. Pues bien, aquí estamos. Conoceremos a los *Ladrones del éxito* y cómo vencerlos.

¿QUÉ ES EL ÉXITO?

Empecemos con definir *éxito*. El éxito "es el resultado feliz y satisfactorio de un asunto, negocio o actuación. Asimismo, también hace referencia a la buena acogida de algo o alguien. La palabra, como tal, proviene del latín *exĭtus*, que significa 'salida'".[1]

El éxito, por lo general, se asocia al triunfo o a la victoria en algo que nos hayamos propuesto, así como a la obtención de un reconocimiento debido a nuestros méritos. De allí que el éxito también se relacione con el reconocimiento público, la fama o la riqueza. Pero no me quiero referir, como dije al comienzo, a ese tipo de éxito que hasta suele ser banal y pasajero.

La idea de éxito muchas veces es subjetiva y relativa. Lo que para una persona algo puede ser un éxito, para otra puede ser apenas un consuelo ante el fracaso. En este sentido, podemos considerar como un éxito todo aquel resultado que nos genere una sensación de realización y de bienestar o, en resumidas cuentas, de felicidad.

Y, por experiencias propias y de extraños, puedo concluir que lo único que te produce felicidad y éxito integral es vivir aquello para lo cual naciste y fuiste diseñado para hacer.

El éxito se puede dar en cualquier área. Desde el lugar más básico e íntimo de todos, como el hogar o la familia, pasando también por las empresas, partidos políticos, organizaciones sociales e iglesias:

---

1. Consulta en línea: https://www.significados.com/exito/

"Si tus acciones inspiran a otros a soñar más,
aprender más, hacer más y ser más, eres un líder".
John Quincy Adams

Cualquiera que sea el lugar o ambiente donde se lleve, los principios son los mismos.

Siempre se ha hablado de las virtudes, de los tipos y pasos para construir un futuro brillante y alcanzar el éxito, también de los principios inequívocos para tener una vida de influencia e impacto. Pero muy pocas veces se tocan los principios que te roban ese futuro y éxito. Estos fueron mi tela de donde cortar inspiración para este libro.

Una vez, un amigo me preguntó cuál es el secreto del éxito, ya que él hacía todo lo aprendido en los libros, talleres, seminarios y lo que los consejos le decían que hiciera, pero aun así no podía alcanzar el éxito.

Yo le respondí: "No solo es importante saber qué hacer y con quién juntarse para llegar al éxito. También es igual de importante saber *qué dejar de hacer* y *con quién ya no juntarnos* para alcanzar el éxito de impacto".

El éxito en la vida es como una persona de dos piernas. No se puede correr esta carrera de resistencia con una de ellas lastimada o lisiada, ni estando cojo (hablo metafóricamente). Para este "triatlón" de la vida necesitamos tener las dos piernas en buen estado. No sirve solo hacer lo correcto, sino también dejar de hacer lo incorrecto.

Nos enfocamos en hacer lo que debemos, olvidándonos de dejar de hacer aquello que no debemos hacer (la segunda pierna).

En *Ladrones del éxito* quiero enfocarme en esa segunda "pierna" olvidada por muchos, y presentar esos errores que no los dejan progresar o trascender en su vida en cualquiera de las áreas ya mencionadas, sin dejar de abordar lo correcto que se debe hacer.

Quiero hablarte de ese fuego que tienes en el corazón por algo trascendente, por algo que va más allá de ti mismo, por algo que deje un legado y quede en la historia de muchos. No quiero que falles; y si ocurre, que sea lo menos posible. Este mundo, más que nunca, necesita de personas íntegras de impacto que sirvan a los demás con excelencia, amor y dedicación, que se animen a hacer lo extraordinario. Que estén dispuestas a ir más allá.

> No sirve solo hacer lo correcto,
> sino también dejar de hacer lo incorrecto.

Quiero desnudar estos principios que vienen a atentar fatalmente contra tu futuro. Quiero que los identifiquemos juntos y los corrijamos de manera permanente, y así poder construir el futuro que Dios diseñó para ti y los tuyos.

Leamos y pongamos en práctica lo que aprenderemos en este libro. La sociedad te necesita, tu familia te necesita, tu empresa te necesita, tu trabajo te necesita, tu ciudad y tu país te necesitan, tu organización te necesita. Pero te necesitan de la mejor manera posible. Nunca lo olvides.

DE LA MANO DE DIOS,
ALCANZA LO INALCANZABLE PARA MUCHOS...
LOGRA LO INCONCEBIBLE PARA TI.

LA VICTIMIZACIÓN

EL "POBRE YO": APELAR A LA LÁSTIMA

La victimización o auto conmiseración es fatal en cualquier persona. Es auto destruirse. Desgasta, cansa, agota a uno mismo y a los que tenemos alrededor, al equipo, al grupo, a la familia, a la institución. Es terrible.

Por definición: *"Es uno de los rasgos de personalidad frecuentes en ciertos padecimientos emocionales, se caracteriza por una actitud pesimista y un sentimiento constante de infortunio, una fuerte concentración en sí mismo y en todo lo que sucede a su alrededor, siendo siempre el protagonista de la tragedia más grave sin considerar las que le rodean"*.[2]

Pareciera que es un sentimiento que surgiera del egoísmo, pero en realidad una de sus raíces principales es el miedo. Quien se victimiza o auto conmisera, quien siente pena por sí mismo es incapaz de considerarse merecedor de algo bueno, aunque lo tenga. Ese es el famoso "pobre de mí". Esto categóricamente nos habla de carencias internas y necesidades no satisfechas seguramente desde la infancia; también de un miedo a que las cosas "buenas" le sucedan. ¡Increíble! ¿No es así? Pero sucede.

> *"Como líder, la primera persona a la que tengo que liderar es a mí mismo. La primera persona que debería intentar cambiar es a mí".*
> John C. Maxwell

Quien se auto conmisera está metido en su "yo" y tiene una visión plana de las cosas, está sumergido en su "mundo conflictivo" y eso lo lleva muchas veces a no ver más allá de sí mismo. A estas personas les sorprende cuando alguien a su alrededor sufre o tiene conflictos.

En la medida que la persona resuelve eso, va a ir rescatando herramientas internas que le permitirán ver a su alrededor, ver más allá de sí mismo y así dejar de centrarse en su propia persona, lo que le permitirá vivir mejor consigo misma y, lógicamente, con los demás de forma más saludable.

---

2. Consulta en línea: http://www.lawebdeltlp.org/la-autoconmiseracion-una-cadena-que-debemos-romper-nosotros-mismos/

La autocompasión o autoconmiseración lastima mucho, es egoísta y termina alejando a las personas que uno ama.

PEQUEÑO APARTADO Y DATO CURIOSO: EL "AICHINJARANGA"

En mi amada nación, Paraguay, tenemos dos lenguas o idiomas oficiales: el castellano o español y el guaraní, que es el idioma de nuestros ancestros, de los pueblos originarios, de los indígenas que habitaron y habitan aún en muchas regiones de nuestro país y en toda América Latina.

Es tan rico y dinámico poder hablar con los dos idiomas y muchas veces mezclarlos apelando a la primera palabra que viene a nuestra mente, en el idioma que fuese, para poder así expresarnos de manera fluida. A eso lo llamamos *"Yopará"* (fonéticamente en guaraní, *jopara*). Es un término con el que comúnmente se caracteriza a gran parte del habla utilizada en Paraguay. Es una resultante de la fusión morfosintáctica, gramatical y semántica del idioma guaraní con el español.

Tenemos nuestra palabra en guaraní que expresa tan bien la victimización o la autoconmiseración, y es la palabra *aichinjaranga* o el "pobre yo". Si viene al Paraguay o habla con un paraguayo esta será la palabra más utilizada comúnmente para describir esta condición.

Características de la persona que se victimiza o se tiene autoconmiseración:

- La raíz de todo es el miedo que produce egoísmo.

- Siente pena por sí mismo.

+ Cree que no merece nada bueno.

+ Habla de carencias internas, de necesidades no satisfechas en la infancia, por ejemplo.

+ Tiene temor a que las cosas "buenas" le sucedan.

+ Se sumerge en su propia idea conflictiva de la vida.

+ Se queja por todo y a toda hora.

+ Le gusta mostrar su sufrimiento a otros.

+ Por lo general, sufre cuadros depresivos.

SI TE SIENTES ASÍ, NO ERES EL ÚNICO. PUEDES CAMBIAR.

Muchas veces vemos en la vida a personas y a grandes líderes utilizando esto de la victimización o la autocompasión para atraer la atención de sus semejantes y tenerlos a su disposición. Quieren que todos estén alrededor de él. Puede ser que esto nazca de manera consciente o de manera inconsciente, da igual. Eso está muy mal y no puede sostenerse por mucho tiempo. La gente termina dándose cuenta y se alejan. Es una condición muy tóxica.

A Dios tampoco le agrada esta actitud. Leemos en la Biblia varios episodios donde grandes hombres de Dios cedieron ante una situación o fueron traicionados por su naturaleza humana, y apelaron a la autoconmiseración como herramienta o arma. Pero a Dios no se le engaña con esas mañas o armas, sean intencionales o no. A Él simplemente no le agrada.

Vayamos a la historia de este gran profeta de Dios, Elías, un hombre de prodigios y milagros impresionantes en la Biblia, un siervo de Dios respaldado por Él como pocos.

Este pedazo de su historia está en 1 Reyes 19:1-21, pero quiero citar específicamente esta parte:

Allí entró en una cueva y pasó en ella la noche; y he aquí, vino a él la palabra del Señor, y Él le dijo: ¿Qué haces aquí, Elías? Y él respondió: He tenido mucho celo por el Señor, Dios de los ejércitos; porque los hijos de Israel han abandonado tu pacto, han derribado tus altares y han matado a espada a tus profetas. He quedado yo solo y buscan mi vida para quitármela. Entonces Él dijo: Sal y ponte en el monte delante del Señor. Y he aquí que el Señor pasaba. Y un grande y poderoso viento destrozaba los montes y quebraba las peñas delante del Señor; pero el Señor no estaba en el viento. Después del viento, un terremoto; pero el Señor no estaba en el terremoto. Después del terremoto, un fuego; pero el Señor no estaba en el fuego. Y después del fuego, el susurro de una brisa apacible. Y sucedió que cuando Elías lo oyó, se cubrió el rostro con su manto, y salió y se puso a la entrada de la cueva. Y he aquí, una voz vino a él y le dijo: ¿Qué haces aquí, Elías? Y él respondió: He tenido mucho celo por el Señor, Dios de los ejércitos; porque los hijos de Israel han abandonado tu pacto, han derribado tus altares y han matado a espada a tus profetas. He quedado yo solo y buscan mi vida para quitármela. Y el Señor le dijo: Ve, regresa por tu camino al desierto de Damasco y cuando hayas llegado, ungirás a Hazael por rey sobre Aram; y a Jehú, hijo de Nimsi, ungirás por rey sobre Israel; y a Eliseo, hijo de Safat de Abel-mehola, ungirás por profeta en tu lugar. Y sucederá que al que escape de la espada de Hazael, Jehú lo matará, y al que escape de la espada de Jehú, Eliseo lo matará. Pero dejaré siete mil en Israel, todas las rodillas que no se han doblado ante Baal y toda boca que no lo ha besado.

Aquí vemos a un triunfante profeta Elías, pero hablando como un derrotado. En honor a la verdad Elías estaba muy cansado y eso lo llevó al temor, y el temor lo llevó a la autoconmiseración o victimización.

Él pensó que sus días estaban contados, que era el único que quedaba con celos y amor por el Señor. Apeló a la lástima cuando el Señor le preguntó qué hacía escondido en esa cueva. Dios lo escuchó; pero inmediatamente le pidió que saliera. No iba a hablar con Elías en esa cueva.

Podemos aprender algunas cosas de esta historia:

+ El miedo nos sorprende y nos hace vivir ocultos en cuevas.

+ El temor nos lleva a tener autoconmiseración y un espíritu de derrota.

+ Con la autoconmiseración nos creemos mentiras y vemos lo que no existe.

+ Con la autoconmiseracón buscamos justificar una conducta o una posición equivocada.

+ Nos aislamos.

+ Buscamos manipular a todos, incluso a Dios mismo.

♦ No engañamos a nadie, menos a Dios.

Dios sabía que Elías no era así. Él sabía que estaba cansado y con temor. Dios no permitió que el argumento de Elías lo influenciara. Le dio una sacudida al profeta.

Dios le dijo que saliera de la cueva donde su miedo lo metió. Si quieres que Dios te hable tendrás que salir de tu cueva, y la única oración que Dios escuchará es la que pide ayuda para salir de ahí.

La victimización o la autoconmiseración es falta de fe porque nace del temor, y el temor es lo contrario a la fe y el valor.

UN FALSO CONSUELO

La victimización o la autoconmiseración es uno de los defectos que más infelices nos hacen. Es un gran obstáculo que tenemos para un crecimiento espiritual, personal y social efectivo y constante. Afecta de manera negativa nuestras vidas y puede cortar comunicación con nuestros compañeros debido a su exagerada búsqueda de atención y simpatía. Es una forma de martirio que no debemos permitirnos.

Es, muchas veces, la justificación para hacer cosas que solo traen más problemas, como, por ejemplo: drogarse, consumir alcohol, autolesionarse, pelear con otros, dejar de cumplir con nuestros deberes y obligaciones, abandonar el trabajo o los estudios, maltratar a los que nos rodean, discutir con nuestra pareja o ser infieles.

Nos "ayuda" a justificar nuestros errores como: "Lo hice porque estaba muy mal" o "No he podido hacer otra cosa" o "Yo

no sé hacer nada bien" o "Tú tienes la culpa de que yo actúe así";
y siguen, siguen, siguen las infinitas justificaciones que podemos
agradecer a la autoconmiseración. Pero esto son solo excusas, y
las personas se dan cuenta con facilidad.

Para que quede claro: la lástima genera más lástima y se alimenta de lástima otra vez. Es un sentimiento que hace que te
aferres al problema dándole más fuerza. Es un círculo vicioso
lamentable, angustiante y, finalmente, muy egoísta, porque
busca la atención y la preocupación de los que te rodean. *"Todo
me pasa solo a mí, pobrecito yo, no puedo con esto, me voy a morir..."*.
¿Te suena? Esto lo único que provoca es que la gente se aleje o
te brinden ayuda, o manejen tu vida o decidan por ti y esto te
cause conflictos.

> *"El ejemplo no es lo principal para influenciar a otros.*
> *Es la única cosa".*
> Albert Schweitzer

La autoconmiseración terminará consumiendo tu vida y la
de los que te siguen o rodean. Terminarás solo o sola porque la
gente no tiene por qué estar al lado de alguien que decidió vivir
así; o, aunque no lo haya decidido, tampoco busca ayuda para
dejar de ser así. Cuidado.

UN ARMA PODEROSA DE SATANÁS

Una vez leí que la autoconmiseración es un pecado tan grave
o delicado como mentir, robar o incluso matar. La autoconmiseración siempre fue una poderosa arma de Satanás, quien la

ha usado muy efectivamente para separarnos de la voluntad de Dios y su propósito en nuestra vida.

El muy "cara dura" del diablo incluso trató de usar esta arma contra el mismo Jesús. El episodio está escrito en Mateo 16 en los versículos 22 al 23, fue en el momento que Pedro le dice a Jesús: *"Señor, ten compasión de Ti"*. Muy atrevido. Si lo hizo con Jesucristo, ¿por qué piensas que contigo no lo estará haciendo ahora o en algún momento? ¿Por qué crees que será diferente? Presta atención.

Al pasar situaciones complicadas, de prueba, problemas y dolor, posiblemente escucharemos la voz del enemigo que nos dirá exactamente lo mismo: "Ten compasión de ti". Así consideraremos nuestra situación, nos lamentaremos y afligiremos, y en consecuencia sacaremos los ojos de nuestros propósitos, metas, y principalmente de Cristo.

¿Qué hacer cuando me encuentre en esta situación? Jesús lo reprendió; ¡hagamos lo mismo! Nunca olvides que Dios tiene el control de nuestras vidas, y nuestro futuro y presente están seguros en Él, pase lo que pase.

No debemos hacer eso porque lo que hacemos realmente es quitar los ojos de la fe en el Señor y en lo que Él puede hacer en nosotros. Quiero aclarar que no estoy hablando de no desahogarnos en la presencia de Dios de manera sincera y genuina. Eso está bien, hay que hacerlo: derramar nuestra alma en Su presencia. Estoy hablando de la victimización o autoconmiseración que busca cómo torcer la voluntad de Dios sobre una situación, en vez de desahogarnos y luego orar con fe y descansar en su perfecta voluntad.

Si quitamos los ojos de Dios y su poder y control sobre las situaciones, nos encontraremos frente a frente con nuestras imposibilidades, miedos y frustraciones, y ahí es donde comienzan la autoconmiseración y la victimización.

Nunca olvides que Dios tiene el control de nuestras vidas, y nuestro futuro y presente están seguros en Él, pase lo que pase.

Un gran ejemplo bíblico es el de los diez espías cuando regresan trayendo su reporte de la tierra prometida. Ellos vieron gigantes que habitaban y custodiaban la tierra que ellos debían conquistar. Pero lo único conquistado fue el corazón de los espías, por el miedo. Eso logró que su percepción de ellos mismos cambiara radicalmente, empezaron a verse menos, mucho menos que sus rivales; se veían a sí mismos como pequeñas langostas.

También vimos allí gigantes, hijos de Anac, raza de los gigantes, y éramos nosotros, a nuestro parecer, como langostas; y así les parecíamos a ellos. (Números 13:33)

Cuando enfrentamos nuestros "gigantes", es decir, los problemas que esta vida trae, desde una óptica y perspectiva humanas, y no a través de los ojos de Dios, terminamos considerándonos nada, como "langostas" impotentes y pequeñas fáciles de vencer. Por tal motivo, y como un presagio, así termina siendo muchas veces. Ya estamos perdiendo las batallas antes de empezar a lucharlas. Perdimos en nuestros corazones, mente y carácter. Para eso debemos entender y nunca olvidarnos de que es de Dios la obra, que Él pelea las batallas como dice en Éxodo 14:14: *"Jehová peleará por vosotros, y vosotros estaréis tranquilos"*. Dios nos llama a estar tranquilos y no desesperados, preocupados o lamentándonos. Sé que no es fácil, es un ejercicio diario mantener nuestra paz y nuestro ánimo elevado, pero si Dios nos lo dice es porque lo podemos alcanzar.

Dios no se ve como "un pobrecito o un desvalido". El profeta Jeremías lo entendió después de vivir sus crisis y luchas:

Mas Jehová está conmigo como poderoso gigante; por tanto, los que me persiguen tropezarán, y no prevalecerán; serán avergonzados en gran manera, porque no prosperarán; tendrán perpetua confusión que jamás será olvidada.

(Jeremías 20:11)

La autoconmiseración y victimización nos lleva a manifestar actitudes como un constante lamentarnos y falta de fe que no nos permiten entregarnos totalmente a la perfecta, agradable y buena voluntad de Dios, y nos conduce hacia la ansiedad, la depresión y frustraciones, situaciones de las que será muy difícil salir después. La autoconmiseración es egocentrismo puro y duro, porque nuestra vida gira alrededor de nosotros mismos, siendo nosotros el centro de nuestro propio universo y no Cristo. Eso está muy mal.

"Permanece con un líder cuando esté en lo correcto,
quédate con él cuando siga estando en lo correcto,
pero déjalo cuando ya no lo esté".
Abraham Lincoln

Las personas usan la lástima para atraer la atención de los demás y tenerlos a su disposición. Estas personas no buscan ni depositan en Dios su confianza, sino en la lástima que puedan generar en los demás y se aprovechan de ello, buscan siempre generar lástima.

El líder o la persona que se pasa lamentándose por las circunstancias de su vida, por lo general no sabe o no cree que el Señor tiene todas las cosas en su mano. No entiende que *la soberanía de Dios es nuestra mayor garantía*.

Debemos tener la actitud correcta en medio de nuestros problemas y pruebas. Debemos descansar en Dios y alabarlo en medio de ellas. En Hechos 16:25 el apóstol Pablo y Silas nos dan el ejemplo: *"Pero a medianoche, orando Pablo y Silas, cantaban himnos a Dios; y los presos los oían"*. En medio del encierro, en la cárcel, ellos oraban y adoraban al Dios de su salvación. Se refugiaban en Él. Dios era su libertad.

> La soberanía de Dios es nuestra mayor garantía.

Refugiémonos en Dios siempre. Él es nuestro pronto auxilio en las tribulaciones como dice el salmista en Salmos 46:1:

Dios es nuestro amparo y fortaleza, Nuestro pronto auxilio en las tribulaciones.

ES HORA DE VENCER

Tim LaHaye, en su libro *Cómo vencer la depresión*[3] dice:

"No esperemos que nuestro triunfo sobre la autoconmiseración se produzca como milagro de Dios sin nuestra cooperación. Muchos deprimidos aun después de admitir la causa de su depresión, quieren que Él les quite sus esquemas pensantes sin ningún esfuerzo por parte de ellos. Y en algunas ocasiones hemos visto gente enojada con Dios porque por medio de un milagro no los sustrajo de su mecanismo mental de autoconmiseración. Pero es que Dios no hace por nosotros lo que de acuerdo con su Palabra espera que hagamos nosotros mismos. Por el contrario, nos exhorta a cooperar con el Espíritu Santo, que nos capacita para hacer todo lo que nos ordena. La victoria sobre la autoconmiseración y, por ende, sobre la depresión, puede ser nuestra como cristianos, pero siempre y cuando echemos mano de los recursos espirituales de una vida llena del Espíritu Santo".

Aquí quiero darte algunos consejos, de muchos otros que hay para poder ir superando este tema de la victimización, autoconmiseración o autodestrucción:

+ Detente y para de torturarte y torturar a todos los demás. Haz callar lo que impide escuchar los pensamientos positivos. Bien dice la Biblia lo que Dios quiere que pensemos:

---

3. Editorial Vida, 1ro. de abril de 1975.

> *Por lo demás, hermanos, todo lo que es verdadero, todo lo honesto, todo lo justo, todo lo puro, todo lo amable, todo lo que es de buen nombre; si hay virtud alguna, si algo digno de alabanza, en esto pensad.*   (Filipenses 4:8)

+ Una vez que cambias la manera de pensar, llegó el momento de actuar: animarnos a salir de nuestro estado de comodidad y a hacer esas cosas que no queremos, pero reconocemos que nos pueden ayudar.

+ Rodéate de personas sinceras que tengan buenas intenciones y que te amen. Cuando estás perdido en la autoconmiseración, es mejor un amigo honesto que uno que te apoye en esa actitud tan tóxica. Necesitamos siempre que se nos diga en la cara que ya es suficiente, que paremos de tenernos pena y que es hora de poner manos a la obra para salir del estado en que estamos sumergidos.

+ Deja ese círculo vicioso. Esas mismas personas pueden ayudarte a salir y divertirte, distraer un poco la mente. Son muy importantes el descanso y la distracción.

+ Por último, y sumamente importante, mantente luchando. Si lograste salir del calabozo, haz lo que sea necesario para mantenerte libre. En el caso de que sientas que esto va más allá y a pesar de intentarlo todo no logras mejorar, te recomiendo buscar ayuda terapéutica. Buscar ayuda no tiene por qué hacerte sentir mal, todo lo contrario, debe ser para estar mejor y superar muchas cosas.

Llegó el momento de cambiar. La autoconmiseración impide el crecimiento en la fe y en cumplir la voluntad de Dios. La Biblia nos da muchos pasajes de los que podemos agarrarnos, poner en práctica y salir de este gran problema. Bien dice el Salmo 37 en los versículos 3 al 5 (LBLA):

Confía en el Señor, y haz el bien; habita en la tierra, y cultiva la fidelidad. Pon tu delicia en el Señor, y Él te dará las peticiones de tu corazón. Encomienda al Señor tu camino, confía en Él, que Él actuará.

Ten en cuenta que el dolor es inevitable, pero el quedarse en este estado de sufrimiento es opcional. Hoy es el día de empezar el proceso de salir de esto y llegar a ser el líder que tienes que ser, un líder que también puede ayudar a otros a salir del estado en el que en algún momento estuviste.

ORGULLO O SOBERBIA

He visto y estudiado, en todo este tiempo, cómo el orgullo o la soberbia es uno de los "principios" que más ha destruido a grandes líderes y personas en la historia de la humanidad.

Bien reza la conocida cita, dicha por el hombre más sabio que existió, el rey Salomón:

> *El orgullo va delante de la destrucción, y la arrogancia antes de la caída. Es mejor vivir humildemente con los pobres, que compartir el botín con los orgullosos.*
>
> (Proverbios 16:18-19 NTV)

Cuánta verdad. Cuánta sabiduría. Es así. ¿O no? El orgullo y la soberbia destruyen a cualquiera.

> ¿Quieres ver cómo se destruye cualquier cosa que emprendas o lleves adelante? Sé orgulloso y soberbio.

ANTES DE LA CAÍDA

Así que, el que piensa estar firme, mire que no caiga.
(1 Corintios 10:12)

El orgullo es la imagen, de manera exagerada, que una persona tiene de sí misma. Este, a su vez, la puede llevar a la soberbia. Es un sentimiento de valoración de uno mismo por encima de los demás.

Es pensar que ya tenemos "clara la película" de la vida y sobre nosotros mismos. El orgullo es un enemigo que vive dentro de nosotros. Lucha constantemente por salir y gobernar nuestra actitud.

Mi hermano Emilio siempre dice una frase que se me quedó grabada en la cabeza: "El orgullo es como el mal aliento: todos se dan cuenta de que lo tienes, menos tú".

El orgullo es destructivo. Ya definimos que el orgullo es un sentimiento de valor exagerado de uno mismo, que, a su vez, rebaja o hace sentir humillado al otro. Por ejemplo, un líder de identidad clara y ejemplar, pero con un corazón humilde y de servicio fue Jesucristo. En su época, lavar los pies de otra persona era algo que solo hacían los esclavos, los sirvientes o alguien de menor rango; por lo tanto, lavar los pies de alguien más era algo "humillante", en apariencia.

Jesús en persona, antes de la Santa Cena, con toda humildad, fue y quiso lavar los pies a sus apóstoles, y sí, también los pies de Judas, del que había de traicionarlo; Él ya lo sabía, pero igual lo hizo.

> El orgullo es la imagen, de manera exagerada, que una persona tiene de sí misma.

Él quería enseñarnos algo muy importante sobre el orgullo y la humildad. Miremos lo que dice en Marcos 9:35 (LBLA): *"Sentándose, llamó a los doce y les dijo: Si alguno desea ser el primero, será el último de todos y el servidor de todos"*. Dios nos invita a servir y vivir con humildad.

Dios no tiene parte con una persona soberbia, orgullosa. La Biblia también dice, en Santiago 4:6 (LBLA): *"Pero él da mayor gracia. Por esto dice: Dios resiste a los soberbios, y da gracia a los humildes"*.

Gracia significa, en pocas palabras, regalo inmerecido. No sé ustedes, pero yo necesito de su gracia diariamente y, si nos manejamos con un corazón orgulloso y soberbio, no la tendremos.

Recuerda lo que está en Proverbios 16:8: *"Antes del quebrantamiento es la soberbia, y antes de la caída la altivez de espíritu"*.

En la humildad se encuentra tu fortaleza y victoria. En el orgullo está tu debilidad y derrota. Nunca lo olvides, y mayormente cuando no lo quieras reconocer.

Antes de la caída, es la altivez de espíritu. Seamos humildes. No anuncies tu caída mostrando tu orgullo por todos lados. Mejor, sé humilde y así potenciarás tu vida.

ORGULLOSO... ¿YO?

"Para liderar a la gente, camina tras ellos".
Lao Tzu

¿Seré yo orgulloso u orgullosa?, se preguntará más de uno. Y sí, hermano y hermana, somos orgullosos la mayoría de las veces. No pienses en otra persona. Piensa en ti y tendremos un buen comienzo para superar esto y dejar de practicar este principio que mata.

Hasta yo soy orgulloso. ¿Lo pueden creer? Es impresionante, siendo que lo que más orgullo me produce es la humildad que tengo (Es una broma, espero se entienda el sarcasmo).

Incluso para Dios, el orgullo o la soberbia es algo que no solo no quiere o que nada más preferiría que no tuvieras. No es un simple "detallito". Va más allá: es algo que Dios aborrece. Le da asco.

¿Qué es aquello que más asco te da? Quizás es algún insecto, algo podrido o algo detestable. ¿Lo puedes visualizar? Bueno, así mismo Dios siente, ve o percibe el orgullo. Con mucha repulsión.

En Proverbios 8:13 dice: *"El temor de Jehová es aborrecer el mal; la soberbia y la arrogancia, el mal camino, y la boca perversa, aborrezco".*

Aborrecer, ¿cuáles son sus sinónimos? Aborrecer es abominar, odiar, detestar, condenar, execrar, despreciar, asquear, repugnar, repeler, desagradar, disgustar, fastidiar, hastiar y hartar.

¡Qué fuertes los sinónimos! Pero solo los mencioné en caso de que tengas dudas de lo que Dios piensa del orgullo. Así que Dios no tiene tratos con el orgulloso, soberbio o altivo.

Por si quedan dudas, vamos a Proverbios 16:5, donde dice: *"Abominación es a Jehová todo altivo de corazón; ciertamente no quedará impune".*

Así, tenemos muchos pasajes más donde Dios confirma cuál es la relación que tiene con el orgullo y con el orgulloso.

Ahora bien, hay muchas formas, ópticas o criterios para encarar esto.

Primero, ¿por qué no hay que enorgullecerse? Todo liderazgo, regalo, logro o éxito proviene de Dios y es puesto por Él.

¿De qué podemos jactarnos o enorgullecernos? Todo lo que Él hizo contigo es por amor a su nombre y por su absoluta voluntad y soberanía. Nadie más que Él se puede llevar la gloria y honra por lo que nos pasa y por quienes somos. Solo Él, y nadie más que Él.

CUIDADO CON LAS CONSECUENCIAS DE LOS ORGULLOSOS

¿Aquellos que se jactaban, así en épocas anteriores como hoy, están mal? No solo estoy hablando de personas que no conocen a Dios, sino también de personas que le servían y se jactaban de las obras que hacían.

> ¿Dónde están hoy los orgullosos de ayer?
> Su soberbia los llevó a la ruina.

Y como dice un amigo a quien aprecio mucho: "No hablo de nadie en particular, sino de todos en general". Si no nos cuidamos, podemos terminar así también.

Pero ¿qué les pasó? La Biblia dice en Isaías 2:12 (LBLA, énfasis añadido): *"Porque el día del SEÑOR de los ejércitos vendrá contra todo el que es soberbio y altivo, contra todo el que se ha ensalzado, y será abatido".*

Nunca nos volvamos soberbios. Como personas, como líderes, como organizaciones, como iglesia, como empresas; seamos lo que seamos no caigamos en eso. Será nuestra derrota. Seremos nuestros peores verdugos.

No me malentiendas, somos únicos y especiales como seres humanos y también ante los ojos de Dios, pero no nos creamos superiores por eso. Me explico: no somos mejores que nadie. Dios nos regaló ese don de liderazgo en su gracia y amor. Punto. No es malo que se nos reconozca. Frases como: *"Qué bien lo hiciste"; "Felicidades por el premio recibido"; "Buen trabajo"; "Qué linda estás"; "Qué guapos están"; "Excelentes decisiones, qué buena estrategia"*, no hay mayor problema en esto. El problema está cuando esos elogios afectan nuestro estado de ánimo y nos la "creemos". El problema es cuando afecta nuestro cerebro y nuestro espíritu, de manera que olvidamos quiénes somos, de dónde venimos y para qué hacemos lo que hacemos.

LA HUMILDAD

"Si eres humilde nada te tocará, ni la alabanza ni la desgracia, porque sabes lo que eres".
Madre Teresa de Calcuta

Tenemos que saber que con la misma fuerza e intensidad que Dios odia la soberbia y el orgullo, ama profundamente la humildad. Dios bendice al humilde de corazón. Mira lo que dice la Biblia en cuanto a las personas humildes:

Santiago 4:10: *"Humillaos delante del Señor, y él os exaltará".*

Proverbios 29:23: *"El altivo será humillado, pero el humilde será enaltecido".*

Proverbios 22:4: *"Riquezas, honra y vida son la remuneración de la humildad y del temor de Jehová".*

¿Viste lo que dice ahí? ¿Qué le dará o cuál será la recompensa para el humilde? Lee de nuevo Proverbios 22:4.

Dios ama la humildad. En la humildad hay dependencia y arrepentimiento. Solo una persona humilde, una persona llena del Espíritu Santo de Dios, puede arrepentirse de sus pecados y alcanzar misericordia y gracia. Su gracia solo toca al humilde.

¿Cómo no amaría Dios a alguien que reconoce sus errores, que es humilde, que se arrepiente y muestra su total dependencia a Él?

> Seamos claros: la humildad no pasa por el bolsillo o la fama, pasa por el corazón.

EVALUÉMONOS

Uno tiene que evaluarse sincera y constantemente. Analizar quién es.

No confundas humildad con baja estima. La humildad no significa lamentarse por no tener nada ni "ser nadie" y decir: "¡Pobre yo, qué humilde soy!".

No confundas la humildad con eso. Seamos claros: la humildad no pasa por el bolsillo o la fama, pasa por el corazón.

Miremos lo que el gran líder y apóstol Pablo les dice a los Romanos:

Digo, pues, por la gracia que me es dada, a cada cual que está entre vosotros, que no tenga más alto concepto de sí que el que debe tener, sino que piense de sí con cordura, conforme a la medida de fe que Dios repartió a cada uno.

(Romanos 12:3)

En pocas palabras, aquí dice que debemos tener un buen concepto de nosotros mismos. Pablo no le escribe a gente sin

Dios, les escribe a creyentes. Atiende bien: no más alto (sober- bia, orgullo); piensen en ustedes con cordura.

¿Qué significa cordura? La cordura es una característica humana perteneciente a aquellas personas que actúan en forma racional, equilibrada, lógica, con buen juicio, con prudencia. Personas que son coherentes en sus acciones y en la toma de decisiones.

¡Mírate tal cual eres! ¡Ni más ni menos! Mirarse de menos o el famoso "pobre yo" es una forma en la que el orgullo y la soberbia se disfrazan.

El apóstol Pablo dice: *"Yo soy esto. No me puedo jactar y tam- poco rebajar"*.

Hay personas que son tan orgullosas y soberbias que dis- cuten hasta de lo que no saben ni manejan bien. Discuten en todos lados y en estos tiempos por las redes sociales, como gran- des conocedores y expertos en nada. Sin embargo, todos saben que no lo son y cualquiera puede hacer un simple *copy-paste* de Internet. Cuidado que no caigamos en esto también.

> Orgullo es querer erigirse como juez de otros, cuando ni siquiera salimos todavía del banco de acusados. ¡Cuidado!

El orgullo es mirar a otros como si valieran menos que uno o mirarlos siempre de la peor manera. El orgullo es envidioso. El orgullo dice que es el único merecedor de todas las cosas. Dice:

"¿Por qué el otro o la otra tiene eso? Algo habrá hecho. Algún 'golpe-cito', seguro". Envidia todo, aunque tenga más que el otro. Critica todo, aunque no tenga la autoridad para hacerlo.

UNA HISTORIA DE ORGULLO Y LUEGO DE HUMILDAD

> *"Procura ser tan grande que todos quieran alcanzarte y*
> *tan humilde que todos quieran estar contigo".*
> Mahatma Gandhi

En el libro de Daniel se lee la historia del famoso rey Nabucodonosor, un hombre y líder exitoso que, sin lugar a duda, logró mucho en poco tiempo. Ese éxito, esas conquistas, esos logros hicieron de él un líder soberbio… al comienzo, pero después Dios lo hizo bien humilde. ¿Qué logró ese gran cambio en él? Conozcamos de primera mano esta impactante historia que está en Daniel 4:1-37 (TLA).

NABUCODONOSOR SE VUELVE LOCO

> *Después de eso, Nabucodonosor dijo: «Con mis mejores deseos de paz y abundancia para todos los pueblos de la tierra, yo, el rey Nabucodonosor, quiero contar las cosas tan maravillosas que el Dios altísimo ha hecho conmigo. ¡Qué grandes son sus milagros y maravillas! Su reino durará para siempre, y su poder nunca tendrá fin.» Mientras yo descansaba muy tranquilamente en mi palacio, tuve un sueño. Lo que vi en el sueño me asustó mucho. Entonces ordené que se presentaran ante mí todos los sabios de Babilonia, para que me explicaran el sueño. Cuando vinieron, les conté mi sueño; pero ninguno pudo decirme lo que significaba.*

Después se presentó Daniel. Nosotros lo conocemos como Beltsasar, en honor de mi Dios. Yo sé que a Daniel lo guía el espíritu del Dios único. Por eso le conté mi sueño, y le dije:» Tú, Beltsasar, eres más sabio que todos los sabios juntos. Yo sé que no hay nada que tú no sepas. He tenido un sueño, y quiero que me digas lo que significa. Esto fue lo que soñé:» En medio de la tierra había un árbol muy alto. No había otro árbol más fuerte; no había otro árbol más grande. Se podía ver desde lejos, y llegaba hasta el cielo. Eran tan verdes sus hojas y tan abundante su fruta, que alcanzaba para alimentar a todas las aves del cielo, a todos los animales del campo y a toda la gente.» Mientras yo seguía acostado, un ángel bajó del cielo y a gritos anunció: "¡Echen abajo ese árbol! Córtenle las ramas, déjenlo sin hojas, arránquenle su fruta. Que se vayan los animales que se cubren con su sombra; que se vayan los pájaros que anidan en sus ramas. Déjenle sólo el tronco, y no le arranquen las raíces. Déjenlo entre la hierba del campo, y que lo riegue el rocío". Dejen que ese árbol, que es el rey Nabucodonosor, cambie su manera de pensar y se vuelva como los animales.

Déjenlo que coma hierba, como los animales, y sujétenlo con cadenas durante siete años. "Los mensajeros de Dios han decidido castigarlo. Así todo el mundo sabrá que sólo el Dios altísimo gobierna a todos los reinos. Hace rey a quien él quiere, y hace jefe de un país a la persona más sencilla".

» Éste es el sueño que tuve, y que ningún sabio me pudo explicar. Pero yo sé que tú puedes hacerlo, porque el espíritu del Dios único está en ti».

Daniel estaba muy preocupado por las ideas que le venían a la cabeza, así que se quedó callado. Pero el rey lo llamó por su otro nombre y le dijo:

—No te preocupes, Beltsasar. Dime lo que significa el sueño.

Y Daniel le contestó:

—¡Cómo quisiera yo que el significado del sueño tuviera que ver con los enemigos de Su Majestad! El árbol grande y poderoso que usted vio en su sueño es usted mismo. Su Majestad llegó a ser tan poderoso que su grandeza llegaba hasta el cielo. Y así como el árbol tenía hojas muy verdes, y todos comían de su fruta, así también Su Majestad cubría toda la tierra, y todo el mundo sabía de su poder.

» En el sueño usted vio que un ángel bajaba del cielo, y ordenaba que cortaran el árbol. Pero tenían que dejarle el tronco y las raíces, y sujetarlo con cadenas durante siete años. Además, el árbol debía quedarse en el campo, junto con los animales.

» Eso quiere decir que el Dios altísimo ha decidido castigar a Su Majestad. Usted ya no vivirá con la gente, sino que vivirá con los animales, y comerá hierba como ellos. Se bañará con el rocío del cielo, y así estará usted durante siete años. Al final de esos siete años, Su Majestad reconocerá que sólo el Dios altísimo gobierna a todos los reinos del mundo, y que sólo él puede hacer rey a quien él quiere.

» Al árbol se le dejaron el tronco y las raíces. Eso quiere decir que Su Majestad volverá a reinar, pero solo cuando haya reconocido el poder del Dios del cielo.

» *Yo le aconsejo a Su Majestad que deje de hacer lo malo, y que ayude a la gente pobre y necesitada. Tal vez así pueda vivir Su Majestad tranquilo y feliz.*

Lo que Daniel le dijo al rey Nabucodonosor se hizo realidad. Un año después, el rey andaba paseando por su palacio y dijo: «¡Qué grande es Babilonia! ¡Yo fui quien la hizo grande y hermosa, para mostrar mi poder a todo el mundo!»

Todavía estaba hablando el rey, cuando se oyó una voz del cielo que le dijo: «Rey Nabucodonosor, a partir de este momento dejarás de ser rey. No vivirás ya entre la gente, sino que vivirás siete años entre los animales. Comerás hierba del campo, como ellos, hasta que reconozcas que el Dios altísimo es el único rey de este mundo. Sólo Dios puede hacer rey a quien él quiere que sea rey».

Estas palabras se cumplieron inmediatamente, y el rey dejó de vivir entre la gente. Comía pasto, como los toros, y se bañaba con el rocío del cielo. Sus cabellos parecían plumas de águila, y sus uñas parecían garras de pájaro.

NABUCODONOSOR SANA DE SU LOCURA

«Al cabo de los siete años, yo, Nabucodonosor, dejé de estar loco. Entonces levanté los ojos al cielo y le di gracias al Dios altísimo, que vive para siempre. Lo alabé y le dije: "Tu poder durará para siempre, y tu reino no tendrá fin.

Ante ti, nada podemos hacer los que vivimos en la tierra. Tú haces lo que quieres con los ejércitos del cielo y con los habitantes del mundo. Nadie puede oponerse a ti, ni hacerte ningún reclamo".

» Tan pronto como dije esto, sané de mi locura y recuperé la grandeza de mi reino. ¡Volví a ser el mismo de antes! Todos mis consejeros y jefes de mi reino vinieron a servirme, y llegué a ser más poderoso que antes. Por eso alabo y adoro al Rey del cielo, pues todo lo que hace está bien hecho. Él es un Dios justo, que humilla a los que son orgullosos. Lo digo yo, el rey Nabucodonosor».

Miremos atentamente el versículo 36. Cualquiera diría que este hombre no aprende ni con siete años de bestia. ¿Verdad? Pero no fue así, él sí aprendió. En el versículo 37, Nabucodonosor reconoció que todo lo que tenía venía de Dios. ¿Ya entendieron? No es que a Dios le gustaba tener al rey como un animal. Al final le devolvió todo y más. Lo que Dios quería era tratar seriamente con su soberbia y orgullo. Como líder, y no cualquier líder, él debía entender que la humildad era innegociable. La enseñanza o moraleja es esta: No importa cuánto tengas, si es que nunca olvidas de dónde viene. Todo viene de Dios.

Cuida que tu vida no se enorgullezca por las bendiciones que Dios te da por misericordia. Cuida que la posición de liderazgo, y lo que eso implica (seguidores, influencia, poder, admiración, etc.) no te ensoberbezca. Será tu caída si lo haces. Dios nos llama a que hagamos todo con humildad y mirando a los demás como mayores a nosotros mismos.

> No importa cuánto tengas, si es que nunca olvidas de dónde viene. Todo viene de Dios.

Filipenses 2:3 expresa: *"Nada hagáis por contienda o por vanagloria; antes bien con humildad, estimando cada uno a los demás como superiores a él mismo"*.

¿Lo ves? Antes bien con humildad, estimando a los demás como superiores.

Sé humilde y verás cómo alcanzarás tantas cosas, crecerás y serás más fuerte.

LA INGRATITUD

¡NO LE DEBO NADA A NADIE!

Quiero hablarles de la ingratitud y la gratitud. Son temas fundamentales para que no te roben tu futuro y el éxito que este pueda traer. La ingratitud que una persona pueda expresar hacia los demás crea en ella muchas cosas malas, como, por ejemplo: inseguridad, incertidumbre, autoestima baja, desgano.

Con frecuencia, el problema del éxito es, precisamente, el orgullo, por la posición de influencia, por los logros, la exposición, trayectoria, y demás cosas que pueden volverlo a uno un poco soberbio al pensar que todo eso es gracias, exclusivamente, a uno mismo. Pero eso jamás estuvo más lejos de la verdad. Nadie puede solo, nadie llega solo, nadie. Sin embargo, es ahí donde uno se olvida de ser agradecido con aquellos que lo rodean y que pusieron mucho de ellos para que hoy seas lo que eres. No seas ingrato. Como hijos de Dios, debemos ser agradecidos. La gratitud debe ser nuestra característica, expresarla constantemente y de todas las formas posibles, y hacerla un hábito en nosotros.

Una vez dije algo que, con la experiencia, me di cuenta de que es así, sin miedo a equivocarme: *"La gratitud no solo te abre puertas, sino que también las mantiene abiertas"*.

> *"Siempre hay que encontrar el tiempo para agradecer a las personas que hacen una diferencia en nuestras vidas"*.
> John F. Kennedy

Estamos en tiempos difíciles, en los que la gente muchas veces no valora a los demás ni los reconoce. La Biblia dice en 2 Timoteo 3:1-2:

"La gratitud no solo te abre puertas, sino que también las mantiene abiertas".

CARÁCTER DE LOS HOMBRES EN LOS POSTREROS DÍAS

También debes saber esto: que en los postreros días vendrán tiempos peligrosos. Porque habrá hombres amadores de sí

mismos, avaros, vanagloriosos, soberbios, blasfemos, desobe-
dientes a los padres, ingratos, impíos.

Mira cómo la Biblia destaca la ingratitud como un valor malo, poniéndolo al lado de cosas como: soberbios, avaros, desobedientes, blasfemos, impíos. Todos estos son "principios" que los líderes genuinos deberíamos evitar practicar.

La persona que es agradecida siempre se destaca. Además, la gratitud es una cualidad de las personas que dicen amar a Dios. El que ama y teme en serio a Dios necesariamente busca hacer lo mejor posible y reconoce a todos a su alrededor.

Esto me lleva a pensar en una historia en la Biblia, que es el pasaje por excelencia de todos los que quieren tocar el tema de la ingratitud. Lo usan como historia principal o al menos como referencia, pero es innegable que ilustra perfectamente el tema.

En todo buen mensaje que hable sobre la gratitud y la ingratitud y su importancia no puede faltar esta historia, cuyo protagonista número uno es nada más y nada menos que el líder más grande que la historia conoció y llegará a conocer: Jesucristo.

Vayamos a Lucas 17:11-19:

DIEZ LEPROSOS SON LIMPIADOS

Yendo Jesús a Jerusalén, pasaba entre Samaria y Galilea.

Y al entrar en una aldea, le salieron al encuentro diez hombres leprosos, los cuales se pararon de lejos

y alzaron la voz, diciendo: ¡Jesús, Maestro, ¡ten misericordia de nosotros!

> *Cuando él los vio, les dijo: Id, mostraos a los sacerdotes.*
>
> *Y aconteció que mientras iban, fueron limpiados.*
>
> *Entonces uno de ellos, viendo que había sido sanado, volvió, glorificando a Dios a gran voz,*
>
> *y se postró rostro en tierra a sus pies, dándole gracias; y éste era samaritano.*
>
> *Respondiendo Jesús, dijo: ¿No son diez los que fueron limpiados? Y los nueve, ¿dónde están?*
>
> *¿No hubo quién volviese y diese gloria a Dios sino este extranjero?*
>
> *Y le dijo: Levántate, vete; tu fe te ha salvado.*

Se les aparecen unos leprosos a Jesús y sus discípulos cuando estos iban camino a Jerusalén.

Ante esta situación inesperada, los leprosos se mantuvieron alejados. Es que la lepra es una enfermedad contagiosa y en aquella época no tenía cura ni tratamiento, ni nada. Significaba una muerte segura, dolorosa y lenta físicamente, pero socialmente hablando era una muerte súbita y muy denigrante.

Estos hombres enfermos y desesperados piden misericordia ante su situación. Querían ser sanados, sabían del poder de Jesús, querían también que Él tuviera misericordia de ellos. Es que, médicamente hablando, ya no había nada que hacer. Solo un milagro podía quitarlos de esa situación. Y el Señor de los milagros es Jesús, quien además estaba pasando por ahí. Debían aprovechar la oportunidad.

Jesús entendió perfectamente lo que ellos querían, era muy evidente. Además, habrán estado desesperados ya que, como soldados emboscando, se le aparecieron a Jesús pidiendo misericordia. Esto me hace pensar, ¡cómo se habrán asustado los discípulos, digo yo!

> Un buen líder siempre busca ayudar a su prójimo, sin importar que esté o no bajo su liderazgo.

Con su atrevida forma de presentarse muestran a Jesús su desesperación ante su necesidad y también la fe que tenían en Él, en su amor, en su misericordia y en el poder que tenía para sanarlos.

Aquí hay un principio importante que no quiero dejar pasar: Un buen líder siempre busca ayudar a su prójimo, sin importar que esté o no bajo su liderazgo.

VAYAN Y MUÉSTRENSE AL SACERDOTE

Jesús les dice que vayan al sacerdote y se muestren. ¡Atiendan bien esto! Cuando Jesús les dijo que fueran y se mostraran al sacerdote, ellos seguían enfermos, por el camino se fueron sanando.

Aquí hay un principio claro: un líder tiene autoridad. Pero no es una autoridad impuesta solamente, sino una autoridad ganada con trabajo, resultados y experiencia. Jesús ya tenía un testimonio de vida que respaldaba esa autoridad que implica que, si Él dice algo, aunque no lo entienda en el momento, la gente obedece porque sabe que, si lo dice, es por algo. Su vida lo avala.

Volviendo a la historia: ¿Por qué mostrarse al sacerdote? Porque en esos tiempos era el sacerdote el que declaraba sanas a las personas, según la ley. Ellos "daban el alta" final, por sugerencia de los médicos y de las pruebas. Aparte, la lepra era una enfermedad considerada como el resultado de que algo espiritual no estaba bien.

Ellos van y en el camino son limpios, sanados de manera sobrenatural.

Miremos el capítulo 15: solo uno de ellos volvió y, además, gritando y glorificando a Dios por el milagro. Solo uno vino y se postró a los pies de Jesús. Con toda seguridad iba llorando y llegó hasta donde Él estaba y le dio gracias por esa liberación de culpa emocional y espiritual, y por la milagrosa sanidad física que acababa de recibir. Y eso que era samaritano.

¿Y EL RESTO DÓNDE ESTÁ?

Antes de desarrollar este punto, quiero advertirte que la ingratitud es parte del liderazgo. Me refiero a la ingratitud hacia el líder. Muchas veces, por tantos favores que hicimos, ayuda y consejos que dimos, seremos pagados con ingratitud de parte de muchos de nuestros seguidores. Eso no nos debe sorprender, y no por eso nosotros debemos ser ingratos con los demás.

Como personas que estamos llamadas al éxito, a alcanzar logros significativos, dejar legados que trasciendan generaciones, estamos llamados a ser mejores que el promedio, modelos a seguir. No nos regimos por el qué dirán, o cómo lo dirán o quiénes lo dirán o harán, sino por principios innegociables que estaremos aprendiendo aquí y poniéndolos en práctica.

Aquí, Jesús experimentó esto. Él sufrió un trato ingrato por parte de nueve de estos hombres, y lo sigue viviendo hasta hoy.

¿Y el resto dónde está? ¡Qué pregunta tan fuerte cuando entendemos el contexto de la historia! Miremos los versículos 17 al 19:

Respondiendo Jesús, dijo: ¿No son diez los que fueron limpiados? Y los nueve, ¿dónde están? ¿No hubo quién volviese y diese gloria a Dios sino este extranjero? Y le dijo: Levántate, vete; tu fe te ha salvado.

Llega el hombre sano, glorifica a Dios a gran voz, se postra en tierra y dice la Biblia que *"Dio gracias"*. Dar gracias es una forma de adoración a Dios también. Es como la "guinda sobre el pastel" de una adoración completa. No podemos decir que adoramos a Dios si no damos las gracias también.

*"Tal vez la gratitud no sea la virtud más importante, pero
sí es la madre de todas las demás".*
Marco Tulio Cicerón

Estar agradecido simplemente no es
lo mismo que dar las gracias.

La Biblia dice que todos, los diez, fueron sanos. Hay algo que aprendí hace un tiempo de un gran hombre de Dios y líder y que quiero compartir contigo.

La lepra era una de las peores enfermedades de la época, implicaba tantas cosas malas. Era un inmediato aislamiento o exclusión social. Una persona que era declarada leprosa en el instante mismo perdía todo derecho y posibilidad de hasta despedirse de su propia familia con un abrazo. Era expulsada inmediatamente del pueblo o ciudad. A la mañana era un hombre libre, proveedor, padre, esposo, hijo, compañero y amigo y, por la tarde, un muerto social, sin familia, trabajo, amigos ni iglesia. Nada. Muerte social, manoseado en su dignidad y testimonio. Horrible posición.

Considerando todo lo que implicaba estar enfermo de lepra, cuando estos hombres fueron junto al sacerdote y se mostraron sanos habrá sido el día más glorioso de sus vidas. Habrán vuelto a abrazar a sus hijos, besar a sus esposas, compartir con sus amigos, trabajar, fueron dignificados y reintegrados a la sociedad. Volvieron a ser proveedores, padres, hermanos, hijos, esposos… hombres.

Uno pensaría que al recibir este tipo de regalos es imposible no sentirse agradecido. ¿Cómo no estarlo? ¿Verdad? Pero de los diez leprosos que recibieron este regalo, esta sanidad completa, **solo uno vino a dar las gracias.**

Estoy seguro de que todos estaban agradecidos. ¿Estamos de acuerdo en eso? Fueron sanos y volvieron a ser lo que eran antes. Recuperaron familia, amigos, trabajo, posición. Pero solo *uno* vino a *dar* las gracias. Solo uno lo demostró, uno lo hizo saber.

He aquí la diferencia: No es lo mismo **estar** agradecido que **ser** agradecido.

¿CÓMO ESTAMOS NOSOTROS?

Podemos estar agradecidos por muchas cosas en la vida, por ejemplo, porque tenemos todo lo cotidiano como el vestido, qué comer, un techo, un hogar, un trabajo digno, salud, hijos, padres. Como personas que buscan llegar o lograr cosas significativas, hay que expresar la gratitud constantemente. Alguien nos ayudó, alguien nos bendijo, alguien nos alentó, pero muchas veces el orgullo nos impide expresar esa gratitud hacia alguien o hacia Dios mismo.

Pero no siempre estar agradecido no significa ser una persona agradecida. ¿Me explico?

¿Cuándo damos gracias realmente a la gente que nos ayuda, bendice y apoya? No solo debemos estar agradecidos, sino también dar las gracias, expresar nuestra gratitud de todas las formas que podamos. ¿Por qué nos cuesta tanto decir gracias, y más aún si somos hijos de Dios? Eso debería fluir en nosotros con naturalidad, ¿no te parece?

CUÁN IMPORTANTE ES EL AGRADECIMIENTO

Miremos lo importante que es el agradecimiento y vayamos juntos a esta gran historia en el libro de Jueces 8:33-35 (énfasis añadido):

> *Pero aconteció que cuando murió Gedeón, los hijos de Israel volvieron a prostituirse yendo tras los baales, y escogieron por dios a Baal-berit. Y no se acordaron los hijos de Israel de Jehová su Dios, que los había librado de todos sus enemigos en derredor;* **ni se mostraron agradecidos** *con la casa de Jerobaal, el cual es Gedeón, conforme a todo el bien que él había hecho a Israel.*

Quiere decir que no solo es importante agradecer a Dios, sino también a los que Dios usó para bendecirte de alguna manera. Los supuestos espirituales dicen: *"Yo solo agradezco a Dios"*. Pero realmente, si Dios quiere bendecirte, usa personas. Eso aprendí.

Sabemos que todo viene de Dios y a Él primero hay que darle la honra y las gracias, pero no nos olvidemos de ser agradecidos también con los demás. Aquí se olvidaron de Dios y tampoco fueron agradecidos con Gedeón, quien les hizo todo ese bien. Él peleó la batalla, Él llevó y lideró a los trescientos, todo por el beneficio del pueblo y por amor a él. Sin lugar a duda, fue un gran líder. Hay que ser agradecidos con Dios y también con los hombres y mujeres que Dios usó para bendecirnos de alguna manera.

Este pueblo no se mostró agradecido. Fue muy ingrato con su líder y héroe. Debemos entender que el agradecimiento no solo se lleva por dentro, sino que hay que demostrarlo; hay que exteriorizarlo. Cuánto cuesta decir *"Gracias, mi amor, por esta comida. Gracias, papá y mamá, por apoyarme con mis estudios,*

ropa, comida, techo. Gracias, hijo, por esforzarte, obedecer, por pro-
curar. Gracias por creer en mí y en mi proyecto".

> Si Dios quiere bendecirte, usa personas.

No solo se debe estar agradecido por dentro, sino también demostrar agradecimiento a los demás. Busquemos en nuestras familias, en nuestros trabajos, en nuestras escuelas y universidades y en nuestra iglesia a nuestro "Gedeón" y seamos agradecidos con él o ella. Demos gratitud. ¿Tienes a alguien que Dios usó para bendecirte de alguna manera? Pues bien, ve y sé agradecido.

"La gratitud es una de las variables de la felicidad, esta es una de las cualidades o fortalezas que la componen, pero no estamos acostumbrados a utilizarlas (…) los expertos aseguran que el cerebro está programado para tener velcro para lo malo y teflón para lo bueno, es por ello que en pocas ocasiones sabemos agradecer", comenta Margarita Tarragona, directora del Instituto de Ciencias de la Felicidad, de la Universidad TecMilenio.[4]

CONSECUENCIAS DE LA INGRATITUD Y LA GRATITUD, BUENAS Y MALAS

Mira las consecuencias de no ser agradecidos. Ellos volvieron atrás y adoraron a dioses falsos. Las consecuencias de un liderazgo ingrato son muy malas.

Una persona ingrata es:

---

4. Consulta en línea: https://www.altonivel.com.mx/liderazgo/
management/40545-gratitud-parte-de-la-felicidad-empresarial-que-buscas/

+ amargada

+ frustrada

+ envidiosa o celosa

+ quejosa, nada le gusta

Ser ingrato es terrible. Nos hace vivir ciegos y de mala manera. No nos deja ver lo bendecidos que somos, a pesar de las circunstancias que vivimos.

La gratitud trae buenas consecuencias. En el libro de Filipenses 4:6 dice: *"Por nada estéis afanosos, sino sean conocidas vuestras peticiones delante de Dios en toda oración y ruego, con acción de gracias".*

La gratitud te quita el afán y la ansiedad. ¿Por qué? Porque nos ayuda a valorar y querer lo que tenemos y a quienes tenemos a nuestro lado. Piensa en la lista que leímos unas líneas más arriba acerca de lo malo que produce la ingratitud.

Ahora hagamos este ejercicio juntos y démosle vuelta a la lista:

Una persona agradecida:

+ En vez de amargada, es feliz.

+ En vez de frustrada, vive con la esperanza de que mañana será mejor, por la gracia de Dios.

+ Vive con expectativa.

+ ¿Envidiosa o celosa? ¡Ya no! Ahora agradece y valora lo que tiene y a quienes tiene.

+ Es una persona feliz, sabiendo que, si Dios tiene el poder de darlo a otro, también tiene el poder de darle a él o ella, si quiere.

+ ¿Se queja tanto que no le gusta nada? ¡Ya no! Ahora valora todo, sabiendo que todo es por gracia de Dios. En la gratitud reconoce que hay personas que le aman, le ayudan y creen en él o ella.

Hay muchas cosas que podemos agradecer. Dice Filipenses 4:7: *"Y la paz de Dios, que sobrepasa todo entendimiento, guardará vuestros corazones y vuestros pensamientos en Cristo Jesús"*.

Una persona agradecida tendrá paz. Y si tenemos paz, está todo dicho. Sé agradecido en todo y con todos.

"Que la gratitud sea la almohada a la hora de recostarte y la fe el puente que pase por encima de la maldad y el que le dé entrada a lo bueno".
Maya Angelou

Ser agradecidos, reitero, es un mandato bíblico. Y ante los mandatos, nuestra obligación es cumplir. Que quede claro: no es una sugerencia o una opción, es un mandato.

Colosenses 3:15 dice: *"Y la paz de Dios gobierne en vuestros corazones, a la que asimismo fuisteis llamados en un solo cuerpo; y sed agradecidos"*.

Tenemos que *ser* agradecidos. No dice que *estemos* agradecidos simplemente, sino que *seamos* agradecidos. Colosenses 3:17 dice: *"Y todo lo que hacéis, sea de palabra o, de hecho, hacedlo todo* en el nombre del Señor Jesús, dando gracias a Dios Padre por medio de él".

Tenemos que hacerlo *todo* en el nombre del Señor y ser agradecidos *en todo*.

¿Cómo entrar en su presencia?

Mira cuán importante es dejar de ser ingratos y empezar a ser agradecidos.

> *Entrad por sus puertas con acción de gracias,*
> *Por sus atrios con alabanza;*
> *Alabadle, bendecid su nombre.*
> *Porque Jehová es bueno; para siempre es su misericordia,*
> *Y su verdad por todas las generaciones* (Salmos 100:4-5).

Dice que entremos por sus puertas con acción de gracias. Sabemos que hay problemas muchas veces. Nadie lo niega. Es parte de la vida. Sin embargo, seamos agradecidos y aún más por eso. Porque, a pesar de que la vida no es fácil, tenemos muchas cosas por las que agradecer a Dios y a tantas personas.

Pero vayamos más allá. Entremos por cualquiera y todas las puertas con acción de gracias. ¿Qué te parece? Practiquemos:

+ Cuando entres por las puertas de tu casa, di: *"Gracias Dios, por mi casa, por mi hogar. ¿Cuántos viven en la calle o tienen una casa, pero no un hogar? Sin embargo, tú me diste un techo y un hogar también. ¡Gracias!".*

+ Cuando entres por la puerta de tu trabajo, di: *"Gracias, Dios, por mi trabajo, que es de bendición, por mis jefes y mis compañeros. Gracias porque tengo un trabajo y puedo sustentar dignamente mi vida y mi casa. ¡Gracias!",*

• Cuando entres por cualquier puerta, bendice y agradece a Dios y a todos los que te rodean.

Tú sabrás mejor por qué agradecer y a quién agradecer. La humildad y la gratitud te hacen un líder grande. Pareciera contradictorio, pero no lo es. Piénsalo.

Agradezcamos en todo y con todos. Tengamos una vida de gratitud.

La humildad y la gratitud te hacen un líder grande.

Dedíquense a la oración: perseveren en ella con agradecimiento. (Colosenses 4:2 NVI)

Estén siempre alegres, oren sin cesar, den gracias a Dios en toda situación, porque esta es su voluntad para ustedes en Cristo Jesús. (1 Tesalonicenses 5:16-18 NVI)

La gratitud nos ayudará a ser más efectivos, el ambiente donde trabajamos será más agradable y los resultados más rápidos y mejores. No pierdas oportunidad de reconocer con gratitud a las personas a tu alrededor. Estarás sembrando un gran legado en todos ellos.

TRABAJAR SOLO

HOMBRE O MUJER ORQUESTA

¿Ya escuchaste o leíste esta frase? ¿Hombre o mujer orquesta?

El "hombre o mujer orquesta" es aquella persona que hace de todo y está en todo. Podrías preguntar, ¿y eso qué tiene de malo? En primera instancia, nada. Hasta podría decir que es una especie de habilidad, algo bueno. Pero luego de un tiempo y ya con un equipo formado, si esa forma de ser continúa acarreará muchos problemas.

Al comienzo uno puede actuar así por ser una necesidad ante carencias de recursos humanos principalmente, entre otras razones. Sin embargo, a la larga eso termina siendo hasta un orgullo disfrazado de muchas cosas. Cuidado.

"Yo hago lo que usted no puede, y usted hace lo que yo no puedo. Juntos podemos hacer grandes cosas".
Madre Teresa de Calcuta

¡Qué pequeño es el mundo de una persona "autosuficiente"! Antes que nada, la autosuficiencia es una mentira, nadie puede ni llega solo.

¿DÓNDE ESTÁ EL PROBLEMA?

Como ya lo dije; el hombre o mujer orquesta puede ser algo hasta positivo al empezar o emprender, porque es una oportunidad para conocer mejor todo lo que implica empezar un proyecto o emprendimiento. Incluso ayuda a involucrarse en asuntos de costos y demás cosas cruciales, pero, otra vez, al paso del tiempo indudablemente es algo negativo.

Conocer y poder hacer de todo un poco, delegar trabajo y asuntos de liderazgo, cubrir a una persona en el caso que haga falta, no es lo mismo que ser un hombre o mujer orquesta. Saber ejecutar todos los instrumentos no quiere decir que lo hagas todo al mismo tiempo y solo. No sonará jamás como una banda entera.

El primero delega en su equipo funciones, responsabilidades y áreas, dejándolos crecer, desarrollarse. El segundo hace todo él solo. ¿Y su equipo? Muy bien, gracias.

El formar y dirigir un buen equipo puede ser una de las llaves más importantes para el éxito, pero para lograrlo hay que abandonar esa mentalidad de hombre o mujer orquesta. Algo pequeño podría ser llevado por una sola persona; pero para crecer y llegar lejos en serio, se necesitan personas y sus conocimientos, lo que deberá ser gestionado con inteligencia, sabiduría, humildad y profesionalismo. Eso implica grandes dosis de un buen liderazgo.

"Los grandes logros de cualquier persona generalmente dependen de muchas manos, corazones y mentes".
Walt Disney

Estos son algunos de los problemas de ser un hombre o mujer orquesta, vistos de manera rápida y superficial, para que puedas entender por qué tal actitud no te conviene de ninguna manera, sin contar el perjuicio que causa al equipo y seguidores que tengas.

Tiempo, esfuerzo y dinero desperdiciado, tratando de averiguar la forma de hacer cosas que ya están estudiadas, analizadas y a veces hasta superadas y que otros, que pueden ayudarte o ya te están tratando de ayudar, lo manejan bien y no los dejas hacer.

Te puedes enfermar. El estrés, la ansiedad y fatiga extrema son solo algunas de las cosas que te pueden pasar por pretender hacerlo todo y solo, por tener siempre cosas que hacer al ser un hombre o mujer orquesta.

Vas a cometer muchos errores, tomar decisiones equivocadas que provocan más desperdicio de tiempo, esfuerzo, dinero y paz.

> Saber ejecutar todos los instrumentos no quiere decir que lo hagas todo al mismo tiempo y solo. No sonará jamás como una banda entera.

Esa actitud es un principio que terminará matando tu liderazgo a la larga. No tienes ni debes llevar la carga solo. Eres un líder. Tu función es influenciar, inspirar, servir más al equipo que te rodea. No existe líder sin seguidores ni influencia, y con la actitud de líder orquesta terminarás haciendo correr a todo el mundo a tu alrededor.

EL LÍDER "MANGO"

En Paraguay, mi amada nación, tenemos cada año principalmente en verano una "invasión" de mangos, y me refiero a la fruta. Tenemos árboles de mango por todos lados y de todo tipo, en casas, calles, plazas y parques. Literalmente la cantidad que tenemos por las calles de frutas de mango que se pudren es tal, que es un problema de alcance municipal.

Y no es que no se coman. A los paraguayos nos encanta el mango y lo comemos. No solo se disfruta de la fruta deliciosa que este árbol da, sino que se aprovecha la sombra de este gran y frondoso árbol bajo sus ramas y hojas. Es fresco estar a la sombra de un árbol de mango y es cómodo. Algunos talleres mecánicos incluso los usan como techo de tan buena sombra que da. Es protectora.

Pero nada crece bajo la sombra de un árbol de mango. Ni siquiera el pasto o la hierba. Nada. En toda la superficie donde la sombra del árbol de mango da no crece absolutamente ninguna planta. Ni grande ni pequeña.

De ahí traigo la expresión del "líder mango". Nada crece bajo su sombra. Es imponente, es importante, da frutos y sombra, pero solo él. Cualquiera que se encuentre bajo su cobertura no crece ni puede hacerlo. Si ahora piensas que quizás eres un líder mango, te recomiendo que cambies. Si no lo haces, las personas se irán. Recuerda que las personas no son plantas. Tienen pie y pueden moverse. Si ven que no están creciendo o tú como líder no los estás desarrollando, no pienses que se quedarán plantados para morir bajo tu sombra. Se irán.

No seas un líder mango. Si tú eres víctima de un liderazgo así, te recomiendo que hables con tu líder y con amor y respeto le digas lo que te molesta, y le ayudes a ser mejor aún de lo que posiblemente sea. Si no te escucha y su orgullo le gana, vete.

Me viene a la mente ahora lo que dice la Biblia en Proverbios 9:8 (PDT):

No reprendas al arrogante porque terminará odiándote;
corrige al sabio y te respetará.

Es tan sabia la Palabra de Dios. Este es un principio muy claro. Atesóralo.

TRABAJO EN EQUIPO

Mejores son dos que uno; porque tienen mejor paga de su trabajo. Porque si cayeren, el uno levantará a su compañero; pero ¡ay del solo! que cuando cayere, no habrá segundo que lo levante.

(Eclesiastés 4:9-10)

Yo también fui un líder orquesta (a veces tiendo a serlo de vez en cuando, lo admito, pero lo corrijo de inmediato), pero confieso que me debo a tantas personas. Son ángeles que Dios manda para que junto con Él hagamos posible lo imposible.

Mi principal equipo es mi familia, tendría que ser el de todos. Es imposible hacer lo que hago sin el apoyo y trabajo conjunto que llevamos. Es por eso que mis tres primeros libros (*Hasta el final, En lo secreto* e *Invencible*) se los dediqué a ellos, ya que hubiera sido imposible que fueran realidad si no hubiera recibido su apoyo y ayuda incondicional.

También me debo al equipo de trabajo que me rodea y me aguanta (soy un poco especial, digamos). Son excelentes en lo que hacen, y delegar áreas, responsabilidades, trabajo, es muy fácil, porque uno sabe que están en las mejores manos. Gracias a todos. Sin gente que nos ayude en la vida no podríamos haber alcanzado ni la mitad de lo que hemos hecho. Dios envía gente para que sirvamos juntos y cumplamos una misión.

Solo Dios es omnipresente y todopoderoso. El resto solo somos seres humanos limitados como individuos. Dependemos de Él y de las personas que nos rodean.

Seamos sinceros: no siempre es fácil trabajar en equipo. Todos tenemos nuestros conflictos personales y nuestros "días especiales" que solemos traer al día a día. Y es entendible, pues somos humanos complejos, pero como líderes debemos manejar esas situaciones.

El trabajo en equipo es fundamental para llegar a algo significativo. Liderar un grupo de personas y trabajar todos juntos implica compromiso. Un equipo sin un liderazgo responsable, que genere buen ambiente de trabajo, buena relación entre los miembros, que fomente la creatividad, la iniciativa y cooperación entre todos los miembros será un caos. Tiene que estar bajo la guía y supervisión de un buen líder, coordinando las tareas y motivando a cada uno de los integrantes.

> « Todos somos como ángeles, pero con una sola ala.
> Necesitamos abrazarnos para poder volar".
> Autor desconocido

FORMEMOS UN EQUIPO

Como personas que pretendemos llegar lejos debemos saber cómo formar un equipo de trabajo; saber dirigir, motivar e inspirar a más. Es fundamental saber con quiénes nos asociamos en cualquier área de nuestras vidas. Trato siempre de estar con gente productiva, apasionada y visionaria, porque ellos me llevan a serlo también.

Una vez me dijeron que no hable ni me queje de problemas ante personas que son incapaces de contribuir en algo a la solución. Eso es cierto. Desgasta y te hace perder tu tiempo.

"Cuando Dios se prepara para bendecirle,
Él trae alguna persona a su vida".
Dr. Mike Murdock

Seguro habrás escuchado alguna vez sobre la "sinergia". La sinergia es una fórmula que dice en pocas palabras que un buey estira 500 kilos de carga y dos bueyes estiran 1,500 kilos de carga. Sinergia procede de un vocablo griego que significa "cooperación". El concepto es utilizado para nombrar a la acción de dos o más causas que generan un efecto superior al que se conseguiría con la suma de los efectos individuales.

Esto es básico. Yo lo apliqué (y lo sigo aplicando) varias veces en mi vida en diferentes áreas. Yo solo no puedo, ni debo. Tengo que dejar lugar a un trabajo cooperativo entre todos, porque lo que pretendo hacer es llegar lejos. Bien dice la frase popular: *"Si quieres llegar rápido viaja solo... si quieres llegar lejos viaja acompañado".*

Tenemos que entender como creyentes que Dios bendice a un equipo porque Él mismo los puso juntos. La Biblia dice en Juan 13:35 (RVR 95): *"En esto conocerán todos que sois mis discípulos, si tenéis amor los unos a los otros".*

Dios llama a cada líder a lograr una unidad granítica, no perfecta, sin duda, pero sí compacta entre un equipo para que juntos lleguen más lejos y con más fuerza.

CARACTERÍSTICAS DE MI ENTORNO

Hay puntos para mí que son fundamentales para que pueda hacer equipo o liderar uno, y tiene mucho que ver con las personas que lo conformen. Esas características que tengo muy en cuenta es que sean visionarias, trabajadoras, de buen testimonio, de buenos consejos, que valoren nuestro trabajo, que nos animemos a ser o hacer siempre lo correcto, que me digan la verdad sin temor, y que me entiendan y ayuden cuando fallo, entre otras cosas.

Son características que todos saben, pero en las cuales seguimos equivocándonos a la hora de escoger equipo o aceptar colaboradores. ¿Por qué? Porque debemos aprender de los errores. Si lo hacemos, nunca perdemos al final. ¿No te parece?

> *"Sabio es el hombre que fortalece su vida*
> *con buenas amistades".*
> John L. Mason

Esto también tiene mucho que ver no solo con seleccionar el equipo de trabajo, sino con las amistades que escogemos. ¿Por qué somos tan exigentes con las personas que trabajan con nosotros y para nosotros, pero no con las que terminarán siendo nuestro primer anillo de consejos y contención como los amigos? Mi cuestionamiento tiene mucha razón de ser, ¿no te parece? Escojamos siempre con sabiduría a nuestros amigos. Seamos exigentes con quienes pueden ser parte de ese primer anillo fundamental para el sostenimiento de un líder y su liderazgo.

El entorno termina levantando o destruyendo a la persona. Ten mucho cuidado. Muchas veces elegimos mal porque no tenemos a Dios en cuenta para hacerlo.

Dios promueve constantemente la unidad a través de la Biblia. Habla de la Iglesia como un grupo de personas unidas entre sí con Él. No es algo individual ni egoísta; es unidad, comunidad, comunión, cuerpo, en pueblo. Dios quiere que nos unamos y trabajemos juntos. Muchos versículos en la Biblia respaldan esta afirmación.

Solamente que os comportéis como es digno del evangelio de Cristo, para que o sea que vaya a veros, o que esté ausente, oiga de vosotros que estáis firmes en un mismo espíritu, combatiendo unánimes por la fe del evangelio.

(Filipenses 1:27)

Unánimes entre vosotros; no altivos, sino asociándonos con los humildes. No seáis sabios en vuestra propia opinión.

(Romanos 12:16)

Os ruego, pues, hermanos, por el nombre de nuestro Señor Jesucristo, que habléis todos una misma cosa, y que no haya entre vosotros divisiones, sino que estéis perfectamente unidos en una misma mente y en un mismo parecer.

(1 Corintios 1:10)

Jesús es, sin duda, el gran ejemplo del líder que trabaja en equipo, y lo hacía muy bien. Él siempre se movió con sus discípulos. Los escogió y dirigió. Para escogerlos, Él consultó, buscó consejo de su Padre. Jesús oró.

En aquellos días él fue al monte a orar, y pasó la noche orando a Dios. Y cuando era de día, llamó a sus discípulos, y escogió a doce de ellos, a los cuales también llamó apóstoles: a Simón, a quien también llamó Pedro, a Andrés

su hermano, Jacobo y Juan, Felipe y Bartolomé, Mateo,
Tomás, Jacobo hijo de Alfeo, Simón llamado Zelote, Judas
hermano de Jacobo, y Judas Iscariote, que llegó a ser el trai-
dor. (Lucas 6:12-16)

Jesús era no solo un gran líder, fue el más grande líder de la historia. Sabía manejar multitudes, grupos e individuos. No importó cuán diferentes eran unos de los otros, sea en lo cultural, económico o social. No importó. Él supo liderarlos. Jesús supo ser un líder conciliador y los llevó a conquistar grandes cosas, como individuos y como equipo.

Jesús era un líder extraordinario que constantemente entrenaba a los suyos. Una de las principales cualidades que tenía es que sabía delegar. Delegaba responsabilidades, autoridad y trabajo a cada uno de ellos. En los Evangelios podemos ver cómo cada uno de ellos tenía su función específica. Incluso los equipaba y los enviaba solos a hacer cosas, aunque eso implicara muchas veces que cometieran errores. Es que eso también está dentro del presupuesto de aprender, crecer y desarrollarse.

Habiendo reunido a sus doce discípulos, les dio poder y
autoridad sobre todos los demonios, y para sanar enferme-
dades. Y los envió a predicar el reino de Dios, y a sanar a
los enfermos. Y les dijo: No toméis nada para el camino, ni
bordón, ni alforja, ni pan, ni dinero; ni llevéis dos túnicas. Y
en cualquier casa donde entréis, quedad allí, y de allí salid.
Y dondequiera que no os recibieren, salid de aquella ciudad,
y sacudid el polvo de vuestros pies en testimonio contra ellos.
Y saliendo, pasaban por todas las aldeas, anunciando el
evangelio y sanando por todas partes. (Lucas 9:1-6)

En la unidad hay resultados poderosos. ¡Qué impresionante es el poder de trabajar juntos! Quiero que valoremos en serio a la gente que tenemos a nuestro alrededor. Son nuestros compañeros de batallas, los que nos ayudan a continuar. Son los que llevan con nosotros las cargas y nos ayudan a seguir en el camino.

La Biblia nos da una gran recomendación:

Finalmente, sed todos de un mismo sentir, compasivos, amándoos fraternalmente, misericordiosos, amigables; no devolviendo mal por mal, ni maldición por maldición, sino por el contrario, bendiciendo, sabiendo que fuisteis llamados para que heredaseis bendición. (1 Pedro 3:8-9)

Busca esto siempre como líder. Recuerda que ellos te siguen porque quieren, por tanto, debes cuidar la armonía entre el grupo para que quieran seguir luchando a tu lado. Seamos compasivos, fraternales, tengamos misericordia y amistad, siempre demos bien y no mal y seamos de bendición.

Considera esto:

Y si alguno prevaleciere contra uno, dos le resistirán; y cordón de tres dobleces no se rompe pronto.
(Eclesiastés 4:12)

Lidera con justicia y servicio a las personas que están contigo. Te aseguro que verás resultados impresionantes.

LA FALTA DE VISIÓN

PÉRDIDA DE ENFOQUE

La visión es extremadamente importante; de lo contrario, no tener una visión clara es catastrófico. Es tener un barco sin puerto, es una brújula sin norte, es un corredor sin una meta. No se puede llegar a un lugar que no se ve. Así de simple.

"Visión es el arte de ver las cosas invisibles".
Jonathan Swift

En pocas palabras, la visión es la capacidad de ver más allá del tiempo y el espacio. Es ver lo que otros todavía no logran ver. La visión es tener un propósito y conocerlo; no solo para uno sino también para quienes lideramos.

Hay veces que empezamos algo con una visión o propósito general que gusta, atrae, inspira, pero luego, como es tan amplio, se va apagando porque no nos detuvimos a ver la visión específica de cada persona que lideramos o del área que empujamos. En otras palabras, un buen líder vela por potenciar y ayudar a encontrar la visión y el lugar en cada uno de sus liderados. Si esto no pasa, la gente deja de entusiasmarse, se abre o se revela, y esas son cosas que no queremos que pasen.

Aprendamos de nuestro Dios. Cuando Él te llama es porque tiene una visión clara para tu vida, un propósito general y específico. En el libro de Jeremías 1:5 dice: *"Antes que te formase en el vientre te conocí, y antes que nacieses te santifiqué, te di por profeta a las naciones"*. Dios no hace nada por casualidad. Todo lo que Dios hace, lo hace porque tiene una visión y una misión específicas en cada uno de nosotros.

El Rey Salomón, un gran líder, emblemático en la historia, escribió en Proverbios 29:18: *"Sin profecía el pueblo se desenfrena"*. Esta palabra profética se refiere a una visión de Dios para el pueblo, una meta, un propósito, ya que la palabra profética habla de lo que Dios hará y está haciendo de manera clara.

Nunca lo olvides: la visión nos permite vivir el presente con sentido. Saber a dónde queremos ir mañana hace que se oriente mejor el dónde estamos hoy.

Lo que destruye el futuro o el éxito en todo tipo de movimiento, proyecto o causa de cualquier índole o área es justamente la falta de visión clara. Por eso te invito a que ahora "pares la pelota", hagas una pausa y empieces a visionar, a proyectarte y a proyectar a los tuyos. Es el momento de que sueñes de nuevo, pero que sueñes en grande y veas eso que tienes que hacer o ser.

No te subestimes a ti ni subestimes las visiones, sueños o propósitos que tienes. No permitas que otros te digan qué es importante o no, grande o no. Enfócate y escucha las opiniones sabias de las personas que te aman, que quieren que crezcas, construyas y conquistes. Todas las visiones son importantes porque tratan de lo que uno quiere hacer. Tampoco, nunca, jamás desmerites los sueños y las visiones que tienen los demás.

> *"Los campeones no se hacen en los gimnasios.*
> *Los campeones están hechos de algo que tienen en*
> *su interior: un deseo, un sueño, una visión".*
> Muhammad Alí

Recuerda que siempre tendremos nuestros detractores. Querrán apagar nuestro fuego interior y así convertirnos en personas mediocres que solo deambulan por la tierra en el tiempo que les toque vivir. Querrán quitarte del camino porque molestas; y si lo logran, lograrán también quitar del camino a las personas que lideras, que te siguen, que creen en ti y en lo que tú haces junto con ellos. ¡Cuidado!

Hay una historia alguna vez que leí hace unos años atrás. Trata sobre un episodio en el cual la protagonista era una persona a quien admiro mucho, una famosa conferencista norteamericana, que en una conferencia de prensa una periodista le preguntó si había algo peor que estar ciega y ella, tan sabia, le respondió: "Lo único peor a no tener vista es no tener visión". Esta conferencista era la famosa líder Helen Keller, sorda y ciega desde muy niña, quien pudo superar en esa circunstancia y condición tantos escollos porque, aunque era ciega, tenía una visión clara.

La gente con visión clara, los que saben soñar despiertos, son los que nunca dejan nada igual. Por donde ellos pasan, siempre "pasa" algo.

MEDIBLES, ALCANZABLES Y ESPECÍFICAS

La visión debe estar compuesta por metas medibles, alcanzables y específicas. Nuestra visión debe ser a largo, mediano y corto plazo. Ir conquistando las pequeñas metas a corto plazo realmente motivan y suman para las de mediano plazo y estas para la meta final y mayor. No hay secretos. Esta fórmula no es mía. Se dice una y otra vez en cuanto seminario, taller o conferencia sobre liderazgo se asista. Pero, por increíble que parezca, no la llevamos a cabo. Nuestra falta de enfoque, o nuestro enfoque en lo más grande y lejano, nos hace desesperar y no caminar un paso a la vez. Bien reza un dicho chino: "Para cruzar el desierto más grande del mundo se necesita dar el primer paso". Simple, ¿no lo crees?

"Cuando tienes una visión lo suficientemente fuerte y poderosa, nada puede interponerse en tu camino".
Lewis Howes

Una visión grande y a largo plazo debe estar planificada con pequeñas y medianas metas que nos lleven hasta el resultado final. Mientras vayamos conquistando será un combustible que nos alimente y llene de fuerzas para continuar hasta el final.

LA VISIÓN DESPIERTA, INSPIRA, ALIENTA

Tener una visión clara despierta en las personas cosas tan buenas. Te desafía, te motiva, te inspira, te llama a un futuro esperanzador, te da propósito, sentido de pertenencia, crea compañerismo en el grupo, y tantas cosas más. La visión clara alinea todas las áreas de la vida. Principalmente nos enfoca y esto produce concentración que nos lleva a redimir el tiempo y a llegar más rápidamente.

Cuando una persona no tiene una idea clara de lo que quiere pierde todo eso y también pierde a los que lo siguen. Nadie se acoplará a un proyecto, organización, grupo o movimiento por lástima. Te seguirán si los inspiraste con tu visión y los contagiaste con aquello que quieres lograr.

Un líder debe inspirar positivamente a muchos más, sin dejar de decir la verdad, confrontando lo incorrecto siempre.

TRABAJA EN UNA VISIÓN, AUNQUE NI LOS TUYOS LO CREAN AL COMIENZO

Una persona visionaria causa envidia y admiración. Tiene detractores y seguidores. Pero de algo estoy seguro: no le es indiferente a nadie. Las personas lo observan. Produzca lo que produzca en ellas (envidia o admiración), todos se dan cuenta de que está ahí.

Hay una conocida historia que trata sobre un joven muy visionario, llamado para algo grande. Él era muy amado por sus padres, al punto que incluso lo amaban más que a sus hermanos.

Era un joven de buen parecer. El llamado sobre su vida era gigante. Él era un soñador. Tenía visiones gigantes sobre su vida. Sabía que Dios era quien las daba. Sabían él, y también sus hermanos, que tarde o temprano sería el líder de su familia y de toda una nación.

Cada vez que soñaba lo compartía con los que más amaba: sus hermanos mayores. Pero esto produjo celos en sus hermanos a causa de las visiones que tenía.

Aquí hay un gran principio que aprender sobre la visión: no se la cuentes a cualquiera. Hay veces que nuestra visión en vez de inspirar creará celos, envidias o enojos en las personas.

Tenemos que saber con quién compartirlos. Tenemos que ser selectivos con las personas a quienes contamos nuestros sueños. Como creyente trato de que Dios me guíe hacia las personas con quienes puedo compartir lo que quiero hacer, o a donde quiero llegar. Que Dios me dé sabiduría y el tino en la selección de mi equipo y amigos. También, me tomo el atrevimiento de pedirle a Dios que me los envíe para así lograr los objetivos.

> *"Donde no hay visión, no hay esperanza".*
> George Washington Carver

Jesús también fue un líder que, al comienzo de su movimiento, los de su propia casa no creían en Él. No te extrañe que eso también pase contigo. Eso no impidió que Él siguiera su camino, siguiera su destino, corriera tras su visión, inspirara a otros y llegara a ser el líder más grande de la historia.

Muchas personas pasan por esto. Tal vez todavía no te has dado cuenta del potencial que Dios puso en ti. Tranquilo. Si Dios te llama y fue Él quien te dio la visión, Él lo hará en ti.

A PESAR DE...

¿De quién estoy hablando al referirme a este joven visionario? De José de Egipto. Un joven noble y hasta inocente, pero con una fe inquebrantable, un amor, una obediencia a Dios y una visión que inspiraron y sigue inspirando aún a miles de generaciones. Un joven dedicado y disciplinado, íntegro.

Los hermanos de José lo odiaron por pura envidia. Es que la visión y los sueños de él provocaron eso en ellos, hasta intentaron matarlo. Al final le perdonaron la vida, pero lo vendieron como esclavo a extraños que lo llevaron lejos de su nación y su gente.

La situación de José era desesperante: lejos de su casa, traicionado y odiado por sus hermanos, esclavo en una nación pagana, sin poder hablar un idioma desconocido, sin recursos económicos, solo, encarcelado. Aparentemente lejos de cualquier posibilidad de que se cumplieran las visiones y los sueños que él tuvo alguna vez y creyó que eran de Dios. Pero no, todo lo contrario, estaba poseído por sus sueños, su visión lo animaba a creer. Su fe era inquebrantable.

A pesar de todo, la visión de José terminó cobrando vida, se hizo realidad. Hizo historia, salvó toda la nación a la que servía y tanto amaba. Superó los problemas, avanzó con fe y pasión, y terminó viviendo sus sueños. Su visión le dio la esperanza y la fuerza para continuar y creer.

Esta apasionante e inspiradora historia está en el libro de Génesis, capítulos 37 al 50. Puedes aprender de esta historia principios que te ayudarán con la visión que tienes o quieres tener. Te inspirará a llegar cualquiera que sea el pronóstico.

> *"Aquel que lleva en el corazón una visión maravillosa, un ideal noble, algún día lo realizará".*
> James Allen

MIRA BIEN; MANTENTE ENFOCADO

No pierdas el enfoque hacia tu visión. No lo hagas. Si lo haces, si te distraes, puedes perderla y terminar muy lejos, de donde te costará mucho volver a retomarla. Cuidado.

Vivimos en un mundo, en un sistema con tantas distracciones que pelean por nuestra atención, que quieren alejarnos de nuestras metas, que abandonemos nuestros sueños y visiones. Tenemos que enfocarnos y no perder la meta. Así lo hicieron todos los grandes líderes de la historia: se enfocaron. Este es un principio extremadamente importante para no abandonar la visión y persistir hasta el final.

El enfoque es la manera a través de la que una persona o grupo de personas miran una determinada meta, visión u objetivo, crean un plan y lo emprenden firmemente para alcanzarlo, para lograrlo.

"Son los que se concentran en una cosa a la vez los
que avanzan en este mundo.
El gran hombre o mujer es el que nunca sale de su
especialidad o disipa tontamente su individualidad".
Og Mandino

Quiero darte algunos consejos sobre cómo mantener el enfoque.

Límite de tiempo. Lo que haces debe tener un comienzo y un final dentro de un tiempo que te estipules y te dediques exclusivamente a ello. Saber que está llegando la fecha de cierre para entregar algo o finalizarlo hace que te enfoques mejor en lo que estás haciendo.

Piensa bien en lo que vas a hacer. Meditar y pensar en tus acciones antes de empezar te ayuda a que te enfoques seriamente en tu objetivo y cómo alcanzarlo. Una vez que te tomaste el tiempo para analizarlo y ya resolviste cómo hacerlo, empieza a trabajar en aquello que te propusiste.

Un objetivo a la vez. Siempre tuve un lema en la vida. Algunas veces tuve razón y otras me equivoqué. Hay un dicho que reza: "El que mucho abarca poco aprieta". Esto tiene mucha lógica, aunque en parte. Insatisfecho con esta cita pensé en modificarla, y creé mi propia máxima que dice así: "Él que mucho abarca, más oportunidades tiene". Creí que tendría más oportunidades al hacer más cosas. Algunas veces era así y otras muchas no. Lo ideal sería encontrar un equilibrio. Aunque abarques mucho, harás las tareas de una a una. Cuando eso pase, lo importante es que te enfoques en eso que estás haciendo en ese momento. Es fundamental realizar una tarea u objetivo a la vez.

Identifica y selecciona las tareas esenciales. Hay cosas importantes y otras no tan importantes. Saber qué hacer y cuándo hacerlo te ayudará a enfocarte y a terminar más en menos tiempo.

Tranquilízate. En un mundo tan acelerado, a menudo nos estresamos. Este estrés nos lleva a dramatizar las cosas y a pensar solo en lo negativo. Experimentamos cosas malas que no nos dejan ver todo el cuadro con claridad, sino solo los errores que se pueden cometer. Eso desmotiva. Si nos tranquilizamos, podemos ver un panorama diferente y mejor, el cuadro entero con las cosas buenas y bellas que tiene. Eso produce que nuestra atención y enfoque estén más afilados, y nuestra puntería hacia esos objetivos sea mucho mejor.

Crear buenos hábitos. Son los hábitos que te ayudarán en el proceso de alcanzar tus objetivos. Pueden ser tan sencillos como dormir y despertar temprano, ponerte horas de trabajo y descanso, respetar tiempo con la familia; todo aquello que al final nos lleve a cambios importantes en toda nuestra vida. Esto va de la mano con la disciplina. Es muy difícil crear buenos hábitos nuevos sin disciplina y dominio propio. La disciplina nos mantiene enfocados. Tenemos que saber que Dios ya nos dio las armas necesarias para ser disciplinados y no caer rendidos ante la presión y los malos hábitos. Nos dio un Espíritu diferente para tener ese dominio propio y no sucumbir, como dice en 2 Timoteo 1:7 (RVR 95): *"Porque no nos ha dado Dios espíritu de cobardía, sino de poder, de amor y de dominio propio".*

Estos son algunos puntos que te ayudarán a mantener el enfoque y alcanzar tus metas o visión. Los puedes aplicar como individuo o en equipo. Son solo detonantes que a mí me han servido y creo que también a ti te servirán.

Lo dije ya y lo repito: nadie se acoplará a tu visión por lástima. Debes tener una visión clara. No puedes ser capitán de un barco sin saber claramente a dónde quieres ir y cómo quieres llegar. Si lo haces sin saberlo, tendrás un bote donde los marineros se amotinarán y posiblemente te tiren del barco.

El poder de una visión es impresionante. La gente, normalmente, se enamora de la visión que tienes, y terminan conociendo y siguiendo comprometidamente al líder que la tuvo.

Con la visión clara no te distraigas, mantén el enfoque. Tienes que asumir tu responsabilidad como líder. No puedes delegar la visión mientras tú te distraes porque perdiste el enfoque. Por un tiempo las personas te soportarán, pero luego se darán cuenta de que están siendo usadas y de que su líder está desenfocado. Una persona sin visión y enfoque es una persona que no llegará a nada.

Contagia tu visión a otros. Inspíralos a seguirla y ellos estarán contigo hasta el fin.

FALTA DE CARÁCTER O UN CARÁCTER DEFORMADO

Hay un dicho que reza que un liderazgo, en cualquier área, empresarial, familiar, político, profesional, se puede construir con varios elementos como el carisma, la visión, el trabajo arduo, la iniciativa, entre otras buenas cosas. Pero lo que lo mantiene exitoso, estable o firme es el carácter: el carácter correcto.

Por eso considero que uno de los principales factores que destruyen cualquier buen liderazgo o éxito personal es la falta de carácter o el carácter "deformado", como lo he llamado. En vez de formar nuestro carácter de manera correcta, lo que hacemos con el tiempo es deformarlo.

"El carácter de cada hombre es el árbitro de su fortuna."
Publio Siro

Estoy seguro de que me darás la razón. Los ejemplos sobran en todos lados y en todas las áreas y en todos los tiempos. Fuimos víctimas de nuestro propio carácter y también de personas con problemas de carácter o sin él.

Cuando el célebre pastor, luchador por los derechos civiles y Premio Nobel de la Paz, el Dr. Martin Luther King, dijo que esperaba el día en el que todos los estadounidenses serían juzgados exclusivamente "por el contenido de su carácter", estaba hablando de las cualidades esenciales de cada una de las personas.

El carácter puede hacer referencia a las cualidades que condicionan nuestra conducta. Un dato curioso e interesante: carácter, del griego *kharaktēr*, era una herramienta de estampado que servía para dar a algo un signo distintivo.

Necesitamos corregir cuestiones de nuestro carácter antes de que sea tarde. Necesitamos construir un carácter correcto y de conquistas antes de que el carácter equivocado nos conquiste a nosotros y destruya todo lo que construimos.

¿CÓMO ME AFECTA EL CARÁCTER O LA FALTA DE ÉL?

Afecta y mucho. Es lo que sostiene o deshace todo lo construido. La falta de carácter y el carácter equivocado hacen que las personas claudiquen, renuncien o caigan. Que queden en derrota. Y volver a construir será muy difícil si no se ajustan las cosas en el carácter que las hicieron caer.

Una persona que quiere llegar lejos y alcanzar algún éxito significativo necesita desarrollar un carácter firme, de conquista. No podemos alcanzar nada y sostenerlo sin compromiso, y no podemos cumplir nuestro compromiso sin carácter. Simple.

Una persona con un carácter formado por Dios y de impacto histórico como pocos fue el apóstol Pablo. Se le considera uno de los más grandes líderes históricos de la Iglesia. La pasó una y miles. Sufrió lo indecible. Peleó mil batallas. Lideró a cientos de miles de personas en todo el mundo conocido de la época. Realmente fue un grande. Pero, no siempre fue así; él tuvo que ser formado para alcanzar lo que alcanzó. Dios tiene que formarte para darte lo que te puede y quiere dar. Si no lo hace, destruirás indefectiblemente cualquier cosa que te dé o construyas.

"Lo que limita a las personas es la falta de carácter".
John C. Maxwell

Veamos un ejemplo de lo que es una persona con carácter trabajado, pulido, probado y mejorado por Dios, el tiempo, las situaciones y el conocimiento.

Vayamos al libro de Romanos 8:35-36, a ver qué dice el apóstol Pablo:

¿Quién nos separará del amor de Cristo? ¿Tribulación, o angustia, o persecución, o hambre, o desnudez, o peligro, o espada?
Como está escrito:
Por causa de ti somos muertos todo el tiempo;
Somos contados como ovejas de matadero.

Déjame contextualizar: el apóstol Pablo, en la mayoría de sus cartas, no estaba escribiendo desde la terraza de un hotel cinco estrellas al costado del mar turquesa caribeño con una piña colada. Él escribía en situaciones duras, realmente duras. Como ahí mismo lo dice: cárcel, tribulación, soledad, persecución, hambre, dolor, desnudez, en peligro, a punto de morir. No eran circunstancias muy agradables las que lo inspiraron a escribir cartas de aliento, pero él lo estaba haciendo. ¿Cómo lograba escribir así, alentando, inspirando, transmitiendo fortaleza, paz? Porque tenía un carácter pulido, formado y construido en años. Porque el Espíritu de Dios y su carácter lo sostenían.

Continuemos con la carta a los Romanos en los versículos del 37 al 39:

Antes, en todas estas cosas somos más que vencedores por medio de aquel que nos amó. Por lo cual estoy seguro de que ni la muerte, ni la vida, ni ángeles, ni principados, ni potestades, ni lo presente, ni lo por venir, ni lo alto, ni lo profundo, ni ninguna otra cosa creada nos podrá separar del amor de Dios, que es en Cristo Jesús Señor nuestro.

¡El apóstol Pablo aquí está escribiendo con carácter! Firme en sus convicciones, claro en sus posturas, inmutable en su fe, visión y propósito. ¿Cómo no iba a poder inspirar a tantas generaciones y seguir haciéndolo hoy después de dos mil años? Solo una persona con carácter puede inspirar generaciones.

Vivimos en un mundo que lastimosamente claudica por lo "políticamente correcto". No lucha sostenida y constantemente por la verdad. Es un mundo donde, principalmente los jóvenes, han dejado de sentir ideales, no luchan, o si lo hacen, no es por mucho tiempo. Son absorbidos por un sistema que está creado para hacer de esta y las siguientes generaciones personas sin criterios propios que se acomodan al "discurso global", y aunque saben dentro suyo qué es lo correcto, no salen a defenderlo. De ahí que surgen muchas veces líderes pusilánimes que se destacan sin mucho, como reza el dicho: "En un reino de ciegos, el tuerto es rey".

> Solo una persona con carácter puede inspirar generaciones.

El mundo clama por personas y líderes con carácter, dispuestos a todo por la verdad, por la vida, por los principios firmes e históricos. Por personas que teman a Dios y amen a su prójimo. Líderes con carácter, el mismo en cualesquiera circunstancias. ¡El carácter lo es todo!

Analicemos otra de las cartas que escribió el apóstol Pablo. Observa cómo no cambió de posición ni claudicó.

Sé lo que es vivir en la pobreza, y lo que es vivir en la abundancia. He aprendido a vivir en todas y cada una de las circunstancias, tanto a quedar saciado como a pasar hambre, a tener de sobra como a sufrir escasez. Todo lo puedo en Cristo que me fortalece.   (Filipenses 4:12-13)

Aquí está alguien con **carácter.** Inmutable. No nació así. Se dejó formar. Creció. Pulido por Dios y por las situaciones. Volcando sabiduría en sus cartas y a sus seguidores.

UNA PERSONA CON CARÁCTER TIENE UN CORAZÓN QUE PERSEVERA

Una persona perseverante es una persona con carácter. Al hablar de persistencia también hablamos de perseverancia. Es alguien que sigue a pesar de las circunstancias, no gracias a ellas. Ni se detiene por culpa de ellas.

"Si cuido mí carácter, mi reputación se cuidará sola".
Dwight Lyman Moody

Como creyentes no podemos ser personas que abandonan y tiran la toalla "así nomás" o "porque sí", o abandonamos algo porque sufrimos algún revés, algún problema o no vemos resultados inmediatos. Esa **nunca** tendría que ser nuestra manera de actuar ni de pensar.

Como ejemplo para hablar de este tema quiero que vayamos a una famosa parábola de Jesús. En esta parábola, no solo Cristo quiso enseñarnos una cosa sino varias, algunas son claras a simple lectura, otras están ocultas en espera de que Él nos las revele.

La historia está en el libro de Lucas 18:1-8.

PARÁBOLA DE LA VIUDA Y EL JUEZ INJUSTO

También les refirió Jesús una parábola sobre la necesidad de orar siempre, y no desmayar, diciendo: Había en una ciudad un juez, que ni temía a Dios, ni respetaba a hombre. Había también en aquella ciudad una viuda, la cual venía a él, diciendo: Hazme justicia de mi adversario. Y él no quiso por algún tiempo; pero después de esto dijo dentro de sí: Aunque ni temo a Dios, ni tengo respeto a hombre, sin embargo, porque esta viuda me es molesta, le haré justicia, no sea que, viniendo de continuo, me agote la paciencia. Y dijo el Señor: Oíd lo que dijo el juez injusto. ¿Y acaso Dios no hará justicia a sus escogidos, que claman a él día y noche? ¿Se tardará en responderles? Os digo que pronto les hará justicia. Pero cuando venga el Hijo del Hombre, ¿hallará fe en la tierra?.

Impresionante cómo se relaciona la persistencia con la oración. Van de la mano. Como siempre digo, **oracción:** orar y actuar.

Aparte de la importancia de orar, quiero recalcar otro principio de esta parábola. Es justo el principio que esta señora viuda aplicó con el juez injusto.

Esta viuda tenía carácter, era persistente, perseverante. En el versículo 4 el juez se da cuenta de que esta mujer venía constantemente. Que era persistente. Él ya "olía" que vería a la viuda en todos lados y en todo tiempo. Esta era una mujer que no soltaba así nomás. Estaba luchando por una justicia, estaba luchando por la verdad.

Jesús lo confirma en el versículo 7, al decir: "*¿Y acaso Dios no hará justicia a sus escogidos, ¿qué claman a él día y noche? ¿Se tardará en responderles?*".

Era una mujer persistente. Tenía algo enfocado y no quitaba eso de su mente.

¿Cómo eres tú? ¿Eres una persona con carácter, que persevera, que lucha por la verdad y la justicia?

"Casi todos podemos soportar la adversidad, pero si queréis probar el carácter de un hombre, dadle poder".
Abraham Lincoln

CARACTERÍSTICAS DE UNA PERSONA CON CARÁCTER QUE PERSISTE

Hay tres características que se ven en un líder de carácter persistente.

+ **Una persona con carácter es una persona que lucha.**

Ese tipo de persona no tiene problemas en pelear. En luchar. Y lo hace con todas sus fuerzas. Da batalla. Sabe que lo hace por algo mayor que ella. No solo pelea por uno, sino por los que le rodean y aman. Eso le da fuerza para pelear.

Aquí vemos a una mujer que lucha por algo muy importante.

¿Cuál es el motivo de su lucha?

Había también en aquella ciudad una viuda, la cual venía a él, diciendo: Hazme justicia de mi adversario.

Una persona con carácter lucha por algo justo. Lo justo es bueno porque Dios es justo. En Salmos 7:11 *leemos: "Dios es juez justo".*

No estoy hablando de luchar por algo injusto. Para luchar por lo malo e injusto uno no debe tener perseverancia ni persistencia.

Una persona que lucha por lo bueno necesita carácter, ya que tiende a querer deprimirse, pues la pelea no es sencilla ni fácil.

Por eso la Biblia nos anima y alienta a no dejar de hacer el bien: *"No nos cansemos, pues, de hacer bien; porque a su tiempo segaremos, si no desmayamos"* (Gálatas 6:9).

Todo lo contrario. Si tienes el carácter correcto debes dejar de seguir perseverando en lo malo porque te quita fuerza para pelear por lo bueno.

Hay gente que persevera en lo malo: conservar malas amistades, vicios, brazos equivocados, dolor, rencor. Para eso no necesitas carácter. Todo lo contrario, solo una persona con falta de carácter persevera en lo malo y no busca lo bueno.

> Si tienes el carácter correcto debes dejar de seguir perseverando en lo malo porque te quita fuerza para pelear por lo bueno.

Deja de persistir por lo que no es justo. Busca lo bueno. Lucha por los sueños y propósitos que Dios te dio. Lucha por tu familia, hijos, esposo o esposa. Lucha por tu prójimo que está siendo víctima de una injusticia de la vida o de alguien. Debemos perseverar con la justicia y la vida sujeta a Dios. El que hace injusticia recibirá lo que siembra, tarde o temprano. Y ya conoces el famoso versículo de *Gálatas 6:7: "No te engañes. Dios no puede ser burlado, todo lo que el hombre siembra, cosecha".* Pero tenemos la bendita Gracia de Dios que nos llama en amor a arrepentirnos de nuestros malos caminos y nos dará oportunidad si lo hacemos.

Volvamos al carácter.

+ **Una persona con carácter es una persona que sabe lo quiere.**

Aquí quiero hablarte de algo lamentable: muchas veces no sabemos ni lo que queremos. Una vez dije: cuando la puerta de la oportunidad se te abra, ¿tienes algo para pasar por ella?.

Es más, te pregunto con mayor precisión: **¿estás preparado para pasar por esa puerta si se abre?**

Imaginemos una escena triste: después de la insistencia de esta viuda, el juez injusto al fin le dio audiencia y le dijo: *"¿Qué necesitas? ¿Qué quieres que haga por ti?"*. Y la mujer le respondió: *"No sé, pasaba a saludar, a hablar de todo, qué se yo. ¿De qué podemos hablar? ¿Qué hay de nuevo?"*.

¡¡¡No!!! ¡No puedes hacer eso ante esa oportunidad! Al fin se te dio y ¡¿no sabes qué quieres realmente?! ¡Tienes que ser específico!

Una persona con carácter sabe lo que quiere, sabe a dónde va y sabe lo que quiere alcanzar, conquistar y vivir. Y tú, ¿lo sabes? Porque no saber a dónde ir nos convierte en personas inconstantes, sin carácter, lo contrario a persistentes. Quizás eso te pase. Por eso no llegas a muchas cosas.

¿Qué es lo que quieres? Hoy esto, mañana aquello. No puedes vivir así y mucho menos liderar a otros.

La Biblia dice en *Santiago 1:8* "*El hombre de doble ánimo es inconstante en todos sus caminos*". Y al ser inconstante no llegamos. Renunciamos. Hoy sí, mañana no sé. Así se nos pasa la vida misma. Esperando vivir, no vivimos.

> Cuando la puerta de la oportunidad se te abra, ¿tienes algo para pasar por ella?

+ **Una persona con carácter es una persona que tiene fe.**

Tiene fe, cree en lo que Dios le dijo que haría. Una persona con carácter camina con fe porque sabe quién lo envió. Confía en Dios.

Te pregunto ahora: ¿sabes en quién confías? ¿Sabes en quién crees? Si Dios te prometió, Él lo cumplirá como dice la Palabra:

> *Dios no es hombre, para que mienta, ni hijo de hombre para que se arrepienta. Él dijo, ¿y no hará? Habló, ¿y no lo ejecutará?.*   (Números 23:19)

+ **Una persona con carácter anda seguro y firme.**

Anda en paz porque persevera en Dios.

> *Tú guardarás en completa paz a aquel cuyo pensamiento en ti persevera;*
> *porque en ti ha confiado.*   (Isaías 26:3)

No dice aquí "algunas veces", "hoy sí o mañana no". Aquí dice claramente *"aquel que PERSEVERA EN TI"*.

Nada puede parar lo que Dios quiere hacer.

Si Dios puso en eso tu corazón, Él lo cumplirá. No es tu obra, es la *suya*.

> *Y ahora os digo: Apartaos de estos hombres, y dejadlos; porque si este consejo o esta obra es de los hombres, se desvanecerá; mas si es de Dios, no la podréis destruir; no seáis tal vez hallados luchando contra Dios".* (Hechos 5:38-39)

Así que él que no tiene carácter y en consecuencia no persevera, **no espere** recibir nada de Dios. Estos versículos de Santiago hablan del hombre inconstante.

> *Pero pida con fe, no dudando nada; porque el que duda es semejante a la onda del mar, que es arrastrada por el viento y echada de una parte a otra. No piense, pues, quien tal haga, que recibirá cosa alguna del Señor. El hombre de doble ánimo es inconstante en todos sus caminos.*
> (Santiago 1:6-8)

No esperes recibir de Dios si no tienes un carácter correcto y persistente, si no tienes fe; debes tener un carácter que no renuncia, porque lo que vale la pena, cuesta. Para confirmar esto, vamos de vuelta a la historia de la viuda en Lucas 18:5-8:

> *Sin embargo, porque esta viuda me es molesta, le haré justicia, no sea que, viniendo de continuo, me agote la paciencia.*

Y dijo el Señor: Oíd lo que dijo el juez injusto. ¿Y acaso Dios no hará justicia a sus escogidos, que claman a él día y noche? ¿Se tardará en responderles? Os digo que pronto les hará justicia. Pero cuando venga el Hijo del Hombre, ¿hallará fe en la tierra?

Dice de día y de noche, eso habla de perseverancia. Mira cómo habla de fe al final. ¿Hallará fe en la tierra? ¿En dónde buscará fe y no la encontrará? Uno no busca algo donde sabe que no hay posibilidades de encontrarlo. Busca en dónde cree que puede haber ese algo.

Aquí Jesús no habla del mundo. Habla de su Iglesia, de sus hijos. Ahí buscará fe. Esta pregunta es para nosotros.

La persistencia o perseverancia tiene una directa relación con la fe y el carácter.

¿Tienes fe? ¿Te consideras una persona de fe? Entonces, si la tienes, ¿por qué abandonaste la pelea? ¿Por qué renunciaste? ¡No lo hagas!

Te pregunto: ¿Cuál es el sueño por el que dejaste de luchar, de perseverar, de persistir?

Quisiera saber, ¿quién quisiera darte una oportunidad de volver a luchar por lo que vale la pena?

Hoy es el día de levantar la toalla que arrojaste y entrar a luchar de nuevo con un carácter y actitud renovados y fortalecidos; siempre sabiendo qué es lo que quieres, por qué luchas, con plena certeza de fe y confía en Dios.

Y surge la pregunta: ¿Cómo formo el **carácter**?

> *"Es falso decir que lo que nos determina son*
> *las circunstancias. Al contrario, las circunstancias son el*
> *dilema ante el que tenemos que decidirnos.*
> *Pero el que decide es nuestro carácter."*
> George Bernard Shaw

En las pruebas se forma el carácter. ¿Por qué queremos solo salir de las pruebas o los problemas? Entiendo, no es fácil vivirlos. Pero ¿por qué no aprovechamos esas pruebas, y mientras duran dejamos que se forme carácter en nosotros?

¡Que ni se note en tu rostro que estás pasando por una prueba! El proceso en las pruebas y en las luchas necesariamente cambian la mente. Hay que sacar carácter de esos procesos. Así que ¡aguanta! Debes proseguir no por las circunstancias, sino a pesar de ellas. No claudiques. En el libro de Filipenses 3:12 el apóstol Pablo nos cuenta su secreto para que ese carácter firme y fuerte se forme: *"No que lo haya alcanzado ya, ni que ya sea perfecto; sino que prosigo, por ver si logro asir aquello para lo cual fui también asido por Cristo Jesús".*

Repite conmigo una y mil veces: PROSEGUIR.

No lo olvides nunca: lo **único** que te forma el carácter es hacer un compromiso y no abandonarlo; no importa qué, hay que mantenerlo sí o sí.

La gente, por lo regular, no quiere comprometerse, pero tú no eres cualquiera. Debes tener un compromiso serio con todo lo que implica ser o lo que eres. Jamás formarás carácter si no mantienes un compromiso.

Filipenses 1:6 dice: *"Estando persuadido de esto, que el que comenzó en vosotros la buena obra, la perfeccionará hasta el día de Jesucristo".*

Cristo va a terminar la obra. Él no rompe un pacto. Nosotros no lo deberíamos hacer tampoco.

En todos estos años de liderazgo he visto de todo, tanto personas emocionadas por dejar atrás cosas de su pasado, como gente realmente mala en su vida, débiles, fluctuantes, casos muy tristes.

¿Qué pasó con su carácter? ¿Dónde se deformó ese carácter? Sencillo de responder: siempre tuvieron solo eso, una simple emoción, pero nunca una convicción. Son casos donde no hay **convicción.**

Y te pregunto: ¿de verdad estás convencido de quién eres y lo que haces? ¿Estás genuinamente convencido? Si es así, entonces que todo lo que hagas sea para reforzar estas convicciones.

Sin carácter vas a pasar una vida sin aprenderla a vivir. Una vida que continuamente decepcionará a Dios y a los tuyos, a los que amas.

¡Tengamos carácter!

Ladrón #7

LA MEDIOCRIDAD

Las personas mediocres deambulan por ahí. La palabra suena fuerte, pero el resultado que producen estas es aún peor. Es importante identificarlas en tu vida. Y si tú eres una de ellas, cambia antes de que te destruyas.

La mediocridad viene del latín y es un adjetivo que describe algo de "calidad media, de poco mérito, tirando a malo".[5]

"La mediocridad, posiblemente, consiste en estar delante de la grandeza y no darse cuenta".
Gilbert Keith Chesterton

---

5. Consulta en línea: https://dle.rae.es/mediocre

De acuerdo con su etimología en latín, la palabra "mediocridad" está compuesta por el vocablo *medius*, que expresa "medio o intermedio" y *ocris*, que significa "montaña o peñasco escarpado", por lo que habla de algo o alguien que se queda a mitad del camino, siendo la cima el destino final, ideal y buscado.[6]

El término mediocre es un adjetivo usado para indicar algo de escaso valor o algo hecho con el mínimo esfuerzo. Mediocre, usado para describir a una persona, es peyorativo, ya que indica que ese alguien no posee habilidades ni intelecto. La palabra mediocre es utilizada como sinónimo de: mezquino, mediano, vulgar y común. Algunos antónimos de mediocre son excelente, magnífico, brillante y superior.

CARACTERÍSTICAS PRINCIPALES DE LAS PERSONAS MEDIOCRES

El reconocido autor, conferencista y consejero en temas de liderazgo Vince Molinaro (PhD) realizó una gran encuesta para descubrir cuáles eran las características principales de las personas mediocres,[7] y según sus palabras: *"Fueron alarmantemente consistentes, independientemente del continente, país o posición de liderazgo".*

No importa de dónde sea, las cinco características que él escribe caracterizan a este tipo de personas.

1.   **Voluntad de culpar a los demás.** Pasan constantemente la "pelota" o responsabilidad cuando algo sale

---

6. Consulta en línea: https://www.significados.com/mediocre
7. Consulta en línea: http://lhh.cl/muerte-por-un-liderazgo-mediocre-como-los-malos-lideres-estan-quitandole-la-vida-a-su-empresa/

mal. Cuando las cosas se ponen difíciles, siempre encuentran a alguien a quien culpar.

2. **Egoísmo.** Algunos solo lo hacen por sí mismos. Toman todo lo que pueden del trabajo, durante el tiempo que pueden, sin tener en cuenta el bienestar de los demás.

3. **Incivilidad y maldad.** Regularmente maltratan, no respetan e insultan a las personas que los rodean. Creen que degradar a las personas es un signo de fortaleza. Algo lejos de la realidad y la verdad.

4. **Ineptitud.** Algo muy duro, algunas personas se han elevado a una estación muy por encima de sus habilidades y experiencia. Estos simplemente no tienen los instintos correctos para liderar y llegar lejos.

5. **Falta de iniciativa.** Cuando una acción decisiva es necesaria, estas personas o líderes demoran, difieren o postergan. Aparecen todos los días y no hacen nada y esperan que nadie se dé cuenta. Craso error.

Según esta encuesta y estudio que realizó Molinaro, la persona o el liderazgo mediocre afectan el sentido de participación y compromiso del equipo y las personas que lideran.

"Hagas lo que hagas, hazlo bien".
Abraham Lincoln

Las respuestas abiertas que recibió con la encuesta fueron muy emotivas y, francamente, bordeando en el desaliento. Algunas son: "Es una lucha ir al trabajo", dijo un gerente medio de EE. UU. "Es peor si manejas un grupo de personas que te admiran. Lento, pero seguro, muere poco a poco". La muerte de un líder mediocre fue un tema constante en las respuestas abiertas. Muchos de los encuestados citaron "frustración", "ansiedad" y "depresión" como los síntomas de trabajar para los líderes mediocres, junto con la sensación de que era similar a "golpear su cabeza contra una pared". "Los líderes mediocres chupan la misma energía, la unidad y hasta sacan el espíritu fuera de ti", dijo otro gerente.

Muchos de los encuestados notaron cómo los mediocres o líderes mediocres con desempeño mediocre generan sentimientos que desmotivan a las personas que lideran. "Cuando veo líderes pobres me desmotiva para hacer mi trabajo". O, como dijo otro gerente: "La mediocridad no inspira a las personas a hacer su mejor trabajo o ir más allá de lo que ya hacen". Esto fue un tema constante. Era difícil ignorar el vínculo entre los líderes y el desempeño mediocre. "Cuando los líderes ignoran a sus mejores personas e ideas, mantener el *estatus quo* es más fácil para ellos", dijo otro gerente medio norteamericano.

Como era de esperarse, trabajar para un líder o una persona mediocre fue una de las razones más importantes por las que las personas terminaban renunciando o corriendo. "No puedes aprender de ellos, no puedes admirarlos, así que empiezas a pensar en buscar otro trabajo", dijo otro encuestado.

Ahora, antes de que te desilusiones y pierdas la esperanza, quisiera asegurarte que sí hay esperanza. La esperanza es buena y lo bueno nunca muere. Pero eso sí, requiere esfuerzo dedicado y paciencia.

Todo comienza con la disposición para establecer expectativas claras sobre la necesidad de que seamos los líderes verdaderamente responsables de todo lo que decimos y hacemos. Tienes que definir el tipo de líder que deseas ser o tener.

La esperanza es buena y lo bueno nunca muere.

ANTÓNIMO DE MEDIOCRE: EXCELENTE

Uno de los principios más importantes que pude observar en las personas de éxito, de impacto e influencia sostenida es, categóricamente, la excelencia, que es lo opuesto a la mediocridad. Todo lo que hacen, lo hacen con excelencia.

Excelencia es un talento o cualidad de lo que es extraordinariamente bueno y también de lo que excede las normas ordinarias.

Entiende bien esto: "exceder las normas ordinarias". Las personas que alcanzan objetivos e inspiran a las personas son las que finalizan las cosas que empezaron con excelencia. Son personas que decidieron ser especiales, diferentes, salir del promedio, de lo ordinario, de lo común y vivir la excelencia. Creo que eres una de esas personas, pero es cuestión de plasmarlo en la realidad.

"En el país de los ciegos, el tuerto es el rey".
Erasmo de Rotterdam

En la antigüedad, los griegos concebían que la excelencia era una aptitud excepcional para llegar a un fin. Esa aptitud es lo que nos lleva a conquistar las cosas, a inspirar a un pueblo, y a hacerlo con excelencia.

No sé a ti, pero a mí lo mediocre me desmotiva y me insta a abandonar. En contraparte, la excelencia me motiva a continuar, a perseverar, a ir mucho más allá. Es un estimulante natural. Para un buen líder la excelencia tendría que ser un estilo de vida. Debería ser un hábito que se practique en cada una de las áreas de la vida. Muchos piensan que lo excelente cuesta caro. Si piensas así, prueba con la mediocridad.

El ejemplo más grande e inspirador que tenemos en cuanto a la excelencia lo vemos en quien creemos: Dios. Eclesiastés 3:11 dice que: *"Todo lo hizo hermoso en su tiempo"*. En otras versiones dice que todo lo hizo perfecto. Eso habla de excelencia. ¿Cómo no hacerlo también nosotros así?

"He aquí que Dios es excelso en su poder; ¿Qué enseñador semejante a él?" (Job 36:22). Él es excelso, excelente. Alguien que está acostumbrado a la excelencia no te va a aceptar un trato ni un trabajo mediocre. No pretendas que Dios acepte, respalde e impulse un liderazgo mediocre. Jamás lo hará. Si persistes en ser así, mediocre, ni te molestes en buscar el respaldo de Dios, porque Él no respaldará algo que no es bueno.

Todo esto debe producir en nosotros un compromiso de imitar lo que nuestro Dios nos enseña: ser excelentes. Creo que la excelencia se encuentra más en la voluntad de hacerlo bien que en la cantidad de recursos o las posibilidades con que se cuenta para hacerlo. Es innegable que la excelencia cuesta, pero no solo dinero, sino también mucho trabajo, tiempo y sacrificio. La excelencia honra a Dios y a los que te siguen y amas.

DIEZ VECES MEJOR

En todo asunto de sabiduría e inteligencia que el rey los consultó, los halló diez veces mejores que todos los magos y astrólogos que había en todo su reino.

(Daniel 1:20 RVR 95)

Si eres creyente, ya sabrás a dónde voy y a quién me referiré ahora. Resulta muy difícil no hablar de él cuando hablamos de excelencia y de esta como ofrenda a Dios.

Esta es solo una porción de la historia del gran Daniel. Cuentan que, durante una guerra, el ejército de un país muy poderoso tomó la capital del país enemigo. Robaron todo, como es costumbre en las guerras, en esa hermosa ciudad. Llevaron todos los tesoros del país conquistado a la capital de la poderosa nación victoriosa. También tomaron como prisioneras a muchas personas, entre las que estaban Daniel y sus amigos, quienes pertenecían a la realeza del reino conquistado.

El rey de la nación victoriosa tenía un plan muy inteligente. Él quería lo mejor del país que conquistó para que estuviese a su servicio. Entre esas personas se encontraba un joven que, por el liderazgo que tenía, era ideal. El rey pidió que entrenaran a Daniel y a sus amigos, todos seleccionados con mucho cuidado. Se les enseñó el idioma, la cultura y la ciencia de su nueva nación, a fin de que pudieran servir con excelencia en su nuevo reino.

El entrenamiento consistía también en que estos jóvenes tenían que hacer cosas que iban en contra de sus principios, valores y, principalmente, en contra de los designios de Dios. Daniel era un judío prisionero en el reino de Babilonia, además, un joven excelente. Él decidió superarse a pesar de las circunstancias en que vivía.

En el libro de Daniel 1:5 (NVI) se habla de la propuesta del rey babilonio: *"El rey les asignó raciones diarias de la comida y del vino que se servía en la mesa real. Su preparación habría de durar tres años, después de lo cual entrarían al servicio del rey".*

Daniel no quería consumir la comida que el rey le mandaba porque sabía que eran alimentos consagrados a los dioses de esa nación y no al Dios verdadero del pueblo de Israel.

Y Daniel propuso en su corazón no contaminarse con la porción de la comida del rey, ni con el vino que él bebía; pidió, por tanto, al jefe de los eunucos que no se le obligase a contaminarse. (Daniel 1:8)

Aquí vemos una característica fundamental de una persona o líder que desea hacer las cosas con excelencia, lealtad e integridad. Daniel propuso y decidió. Muchas veces, para hacer las cosas con excelencia, solo necesitas querer y proponerte hacerlas así, y ser radical y firme con tu decisión; disponer en nuestros corazones qué tipo de líderes queremos ser.

La Biblia nos dice cuáles fueron los resultados de la actitud correcta en un liderazgo de excelencia que tuvo Daniel:

A estos cuatro muchachos Dios les dio conocimiento e inteligencia en todas las letras y ciencias; y Daniel tuvo entendimiento en toda visión y sueños. Pasados, pues, los días al fin de los cuales había dicho el rey que los trajesen, el jefe de los eunucos los trajo delante de Nabucodonosor. Y el rey habló con ellos, y no fueron hallados entre todos ellos otros como Daniel, Ananías, Misael y Azarías; así, pues, estuvieron delante del rey. En todo asunto de sabiduría e inteligencia que el rey les consultó, los halló diez veces mejores que todos los magos y astrólogos que había en todo su reino. Y continuó Daniel hasta el año primero del rey Ciro.

(Daniel 1:17-21)

Aquí vemos lo que ocasionó estas decisiones. Dios los respaldó porque Él respalda a los que son fieles, obedientes y excelentes. Les dio entendimiento y visión.

Daniel y sus amigos no abandonaron sus principios, visiones y sueños, sino que pasado el tiempo que dio para el entrenamiento, el rey Nabucodonosor los encontró en todo asunto de sabiduría e inteligencia, diez veces mejores que todos los demás sabios que había en el reino. Eso es ser excelente, eso es honrar a Dios, a los que nos siguen y a nuestro llamado sublime de liderazgo.

"La mediocridad es lo excelente para los mediocres".
Joseph Joubert

No importa cuáles sean las circunstancias que vivimos, podemos ser excelentes Así lo demostraron Daniel y sus amigos.

Lejos de su nación amada, prisioneros, de la sangre azul a esclavos, contra viento y marea, se destacaron, fueron excelentes.

La excelencia para una persona que quiere alcanzar el éxito y llegar lejos no debería ser una opción; debe ser un estilo de vida obligado y natural.

LA EXCELENCIA ES:

+ **Disciplina.** Así se alcanzan los objetivos.

+ **Tenacidad.** Aferrarse a algo y lograr los objetivos a pesar de cualquier circunstancia.

+ **Humildad.** Para reconocer nuestros errores.

+ **Valentía y fuerza.** Para volver a intentarlo.

+ **Innovador.** Siempre hay algo nuevo que hacer, probar y recorrer.

+ **Libres.** Para hacer lo bueno y correcto.

+ **Mesurados.** Ponernos límites para no hacer lo malo e incorrecto.

+ **Fe.** Buscar a Dios y creer que se puede conquistar lo que es considerado imposible.

+ **Ejemplo.** Dejar un mejor legado a las generaciones que vendrán.

Debemos hacer las cosas con excelencia, sin excusas. La excelencia se consigue con la práctica y con la intencionalidad. Nadie llega por accidente a la excelencia como estilo de vida.

Recordemos las palabras de un gran líder, sobre todo un gran hombre, John Wesley: *"Haga todo el bien que pueda, de todas las formas que pueda, en todos los lugares que pueda, en todos los momentos que pueda, a todas las personas que pueda, mientras pueda"*.

No seas ni hagas menos de lo que Dios quiere. Sé excelente en todo y con todos. Sé diez veces mejor.

FALTA DE EMPATÍA

NO PONERSE EN LOS ZAPATOS DE LOS DEMÁS

¿Qué tiene que ver la empatía con el éxito o alcanzar un futuro significativo? Mucho.

La empatía es una palabra que guarda tan hermoso significado. Es una lástima que estemos viviendo en un mundo donde escasean las personas que practican verdaderamente la empatía.

Los líderes empiezan a ejercer ese llamado porque ven y viven cosas que les toca el corazón y los llena de impotencia estar en una posición pasiva, expectante. Eso los lleva a actuar y lo hacen con empatía, a buscar genuinamente el bien común o de los que lideran. Pero una vez que llegan arriba a ocupar un lugar de influencia y preponderancia, se les olvida seguir siendo empáticos. Pierden eso. Se disocian del pueblo, de sus seguidores y necesidades y aun de su dolor. Y cuando pierden la empatía, empiezan a perder la esencia del verdadero liderazgo: el servicio y amor al prójimo.

"Si juzgas a la gente, no tienes tiempo de amarlas".
Madre Teresa de Calcuta

¿Qué es empatía? La empatía, a grandes rasgos, es la capacidad que tiene una persona para ponerse en el lugar de otra; es decir, ser capaz de entender la situación y los sentimientos que está viviendo otra persona.

La empatía desarrolla en nosotros la capacidad de motivar, inspirar y guiar positivamente a las personas, de enseñar a tener un interés genuino por los demás. Es la mejor forma de identificarnos totalmente con los demás y así poder cambiar radicalmente el entorno social en el que vivimos.

LA IMPORTANCIA DE LA EMPATÍA

Tenemos que reconocer que en medio de nuestra prisa hacia "la cima" o "el éxito" o "el protagonismo" nos volvemos egoístas y olvidamos la razón por la que empezamos a hacer lo que hacemos, olvidamos que los demás también son importantes, que no son solo personas que nos ayudan a llegar a un fin, que tienen algo importante que comunicarnos. El valor de la empatía nos ayuda a recuperar el interés por las personas que nos rodean y a consolidar la relación que con cada una de ellas tenemos.

La empatía es un principio que se debe vivir diariamente, más allá de nuestro estado de ánimo y disposición interior. Tiene que ser un estilo de vida, un principio inamovible en cualquier persona.

"El hombre más feliz del mundo es aquel
que sepa reconocer los méritos de los demás y pueda ale-
grarse del bien ajeno como si fuera propio".
Goethe

La empatía se genera en la medida que conocemos a las personas. Esa relación nos ayuda a comprender los motivos del enojo, la alegría o el desánimo de los que nos rodean y cómo reaccionan a ellos. Esto se ve, por ejemplo, entre padres e hijos, en las parejas y con los amigos estrechos.

Aun así, este principio de empatía debe ir superando obstáculos como el cansancio, el mal humor, prejuicios. El problema radica cuando nos dejamos llevar por nuestras situaciones y nuestro estado de ánimo, y permanecemos encerrados en nuestro mundo dejando al resto fuera, comportándonos indiferentes y poco amables. Queremos ser entendidos sin antes intentar comprender a los demás. La empatía implica generosidad y comprensión.

OÍDOS SORDOS. NO SABER ESCUCHAR

El arte de la comunicación es el lenguaje del liderazgo y de la persona que llega lejos y conquista. Saber escuchar es un arte, una virtud ligada fuertemente a la empatía, ya que escuchando a los demás los conocemos y podemos así entenderlos y ser más empíricos.

Unas de las cosas que muestra orgullo es no escuchar a los demás. No queremos escuchar consejos, no queremos escuchar a los demás cuando tienen un problema porque creemos que nos las sabemos todas, pero estamos esperando a que Dios nos hable audiblemente cuando hemos cerrado nuestros oídos a todos los medios que Dios usa para hablarnos. Somos tardos para escuchar y eso no puede ser, y menos en un líder, en un buen y verdadero líder.

Escuchar es un arte, porque permite conocer lo que no se sabe. Escuchar permite ver otras realidades y explorar emociones que nunca se han experimentado desde diferentes situaciones y en diferentes personas.

> *"Tenemos dos oídos y una boca para escuchar*
> *el doble de lo que hablamos".*
> Epícteto

Saber escuchar no es solo una actitud. Es también una habilidad que exige atención y ganas de comprender y, como cualquier habilidad, se puede adquirir. Tener la capacidad de escuchar nos permite percibir el mensaje implícito que se nos está comunicando.

La Biblia habla sobre la importancia de saber escuchar. En Santiago 1:19 dice: *"Por esto, mis amados hermanos, todo hombre sea pronto para oír, tardo para hablar, tardo para airarse".*

En muchas ocasiones, el mejor consejo que le podemos dar a las personas es darles el placer de ser escuchadas. El saber escuchar es una virtud, una característica de una persona que conquista, de un verdadero líder.

Miles de personas andan buscando un líder que los escuche, que los abrace, que los apoye, que los guíe. Pero es una lástima que en muchas ocasiones no lo encuentran, y terminan con el líder o la persona equivocada por la culpa del otro líder que no supo escucharlas en su momento. Al no saber escuchar (o no querer escuchar) maltratamos a las personas en lo emocional, por el solo hecho de no saber escuchar, de ser groseros, insensibles. De esa manera no mostramos empatía ni amor. La empatía nos da muchas posibilidades hacia nuestros semejantes, quienes buscan con quién compartir y confiar sus problemas, alegrías, triunfos y fracasos. Todos deseamos ser escuchados y comprendidos. De esta forma, el líder tiene una inmejorable oportunidad de ayudar, servir, procurar el bienestar, ayudar a desarrollar y a crecer a la persona.

Para ser una persona de éxito o un buen líder hay que saber escuchar. Conozco personas que constantemente buscan al líder porque es de las pocas personas que se detienen a escucharlas. Seguro te ha pasado, tal vez no has hecho un doctorado en psicología o en liderazgo, pero eres un refugio y guía para muchas personas que están pasando tiempos difíciles. Cuando sabes escuchar, siempre muestras el lado bueno de las cosas y el propósito de Dios en cada una de sus circunstancias.

La gran mayoría de los problemas en cualquiera de nuestras relaciones vienen por no saber escucharnos mutuamente. Muchos matrimonios, noviazgos y relaciones se destruyen por no saber escucharse. Sus conversaciones no tienen el objetivo de resolver los problemas, sino de buscar culpables, quién tiene la razón y quién no, lo que alimenta el orgullo y destruye lo que queda entre tales personas.

"Escucha aún a los pequeños,
porque nada es despreciable en ellos".
Séneca

Unos de los pilares de cualquier tipo de relación es la comunicación. Y comunicarse no es solo hablar, sino también saber escuchar. Para el líder, saber escuchar representa la oportunidad de conocer y comprender mejor a las personas. A través del trato cotidiano estamos en condiciones de mejorar nuestro liderazgo en la familia, en la organización, en la empresa, entre amigos, lo que abona a la solidaridad y entendimiento entre todos. Gracias a saber escuchar, en el matrimonio y la familia la relación se hace cada vez más estable; con los amigos se consolida una amistad duradera; con todas las personas abre la posibilidad a nuevas amistades; en la empresa o en la organización ayuda a conseguir una mayor productividad al interesarnos por los funcionarios, colaboradores y compañeros; en la institución educativa sea esta colegio o universidad, se obtiene un mejor rendimiento por la relación que se tiene con los alumnos y entre ellos mismos. Todo esto ocurre solo por el hecho de saber oír, escuchar y hablar.

Debemos ser sabios para comunicarnos.

Dios mismo es un especialista en escuchar. Cuando oramos hablamos con Él. Y Él nos escucha. La Biblia dice: *"Ésta es la confianza que tenemos al acercarnos a Dios: que, si pedimos conforme a su voluntad, él nos oye"* (1 Juan 5:14).

"Los grandes egos tienen pequeños oídos".
Robert Schuller

Él nos oye porque nos ama. Porque le importamos. Hagamos lo mismo con las personas que decimos amar a nuestro alrededor.

Yo amo al Señor porque él escucha mi voz suplicante. Por cuanto él inclina a mí su oído, lo invocaré toda mi vida.
(Salmos 116:1-2)

Y así podemos seguir citando versículos que nos muestren que Dios sabe escuchar, que el escuchar es una herramienta bíblica a nuestra disposición.

UN DIOS EMPÁTICO

La Palabra de Dios habla de la empatía; debemos aprender de ello para poder ser líderes de impacto.

Pensar en Dios es pensar en misericordia, comprensión, oportunidad, esperanza. A través de su Palabra se ve el carácter de Dios. Por ejemplo:

+ El apóstol Pedro recomendó a los cristianos que tuvieran *"compasión los unos por los otros; ama como hermanos, sé tierno, sé cortés"* (1 Pedro 3: 8 NVI).

+ El apóstol Pablo también alentó la empatía cuando exhortó a los compañeros cristianos a *"regocijarse con los que se regocijan; llorar con los que lloran"* (Romanos 12:15).

La compasión, la simpatía y la empatía tienen que ver con tener pasión, sentimiento y compasión por otra persona debido a lo que está viviendo. La verdadera empatía es participar realmente en el sufrimiento de otro, ponerse en sus zapatos como se dice cotidianamente.

El apóstol Juan dice y pregunta: *"Si alguien tiene posesiones materiales y ve a un hermano o hermana necesitado, pero no tiene piedad de ellos, ¿cómo puede estar el amor de Dios en esa persona?"* (1 Juan 3:17). La piedad en esta porción está relacionada con la empatía, y ambos requieren acción.

Los cristianos estamos llamados a amar al prójimo. En Mateo 22:39 dice *"Amarás a tu prójimo como a ti mismo"*. ¡Dime si esto no es empatía!

La empatía es la llave que abre la puerta a nuestra misericordia, compasión y servicio. Jesús siempre se caracterizó por ser un líder sensible a las complicadas situaciones que padecía y padece su pueblo. En Mateo 9:36 se relata de Jesús: *"Cuando vio las multitudes, . . . tuvo compasión de ellos, porque fueron acosados e indefensos, como ovejas sin pastor"*.

Jesús (ver Lucas 7:11-17) cuenta la desgarradora historia de una pobre viuda que ya había experimentado el dolor de perder a su compañero de vida, y ahora estaba a punto de enterrar a su único hijo. Algo sin duda muy doloroso.

Jesús resucita al hijo de la viuda de Naín

Aconteció después, que él iba a la ciudad que se llama Naín, e iban con él muchos de sus discípulos, y una gran multitud. Cuando llegó cerca de la puerta de la ciudad, he aquí que

llevaban a enterrar a un difunto, hijo único de su madre, la
cual era viuda; y había con ella mucha gente de la ciudad.
Y cuando el Señor la vio, se compadeció de ella, y le dijo: No
llores. Y acercándose, tocó el féretro; y los que lo llevaban se
detuvieron. Y dijo: Joven, a ti te digo, levántate. Entonces se
incorporó el que había muerto, y comenzó a hablar. Y lo dio
a su madre. Y todos tuvieron miedo, y glorificaban a Dios,
diciendo: Un gran profeta se ha levantado entre nosotros; y:
Dios ha visitado a su pueblo. Y se extendió la fama de él por
toda Judea, y por toda la región de alrededor.

La Biblia describe que Jesús sintió gran dolor. Al sentir su dolor, dice en la versión *Nueva Traducción Viviente*, que el "*corazón de Jesús se desbordó de compasión*", entonces se acercó a la procesión fúnebre y resucitó al joven. Mira este detalle: Jesús hizo algo, resucitó al joven. La empatía no es perezosa. La empatía invita a una acción a favor de la persona hacia quien uno siente compasión.

Es que Jesús es así. Él siendo Dios vino a la tierra como hombre, como ser humano. Y al haber vivido una vida humana tiene la capacidad de identificarse con nosotros, de empatizar con todas nuestras luchas, problemas y debilidades. La Biblia lo confirma en el libro de Hebreos 4:15: "*Porque no tenemos un sumo sacerdote que no pueda compadecerse de nuestras debilidades, sino uno que fue tentado en todo según nuestra semejanza, pero sin pecado*".

Su compasión habla de la profunda misericordia que Dios tiene para con nosotros. Él nos conoce más que nadie, primero por ser Dios y después por vivir lo que vivimos a través de su hijo

Jesús. *"Él sabe cómo estamos formados, recuerda que somos polvo"*, dice el salmista en Salmos 103:14.

Siente y sabe el dolor de los suyos: *"Mantienes un registro de todas mis penas. Has recogido todas mis lágrimas en tu botella. Has grabado cada uno en tu libro"* (Salmos 56:8 NTV). ¡Qué bueno y reparador es saber que Dios registra todas nuestras lágrimas y todas nuestras luchas!

Echa tus cargas en Él sin temor alguno, *"porque él se preocupa por ti"* (1 Pedro 5:7). ¿Y por qué Él se preocuparía por ti? Porque te conoce, sabe lo que estás pasando, tiene empatía y te ama.

LA EMPATÍA Y SU CAPACIDAD TRANSFORMADORA

"Necesitamos tener empatía. Cuando perdemos empatía, perdemos nuestra humanidad".
Goldie Hawn

La empatía desarrolla una capacidad transformadora impresionante. Tiene la capacidad de motivar e inspirar positivamente a las personas. Tener ese interés por los demás y vivirlo es la mejor forma de transmitir empatía para con los demás y como líderes, poder cambiar radicalmente el entorno en el que vivimos. Vivir la empatía es algo simple si nos detenemos a pensar un poco más en los demás y así aprenderemos a actuar valientemente y con pasión en todas las circunstancias.

La empatía es un principio y una actitud indispensable en todos los aspectos de nuestra vida, principalmente en el líder. La empatía nos lleva también a desarrollar otras hermosas e importantes cualidades como la confianza, la amistad, la comprensión, la generosidad, el respeto y la fluida y sincera comunicación.

El mundo actual, este sistema, nos da muy pocas oportunidades de conectarnos en serio con los demás de manera personal. Todo es virtual, a la distancia, y así no podemos desarrollar una verdadera empatía, no podemos servir eficientemente, no podemos conocer en serio a las personas y tratarlas como se debe. La empatía se convierte en una pieza fundamental en el liderazgo, que nos enriquece y nos identifica mejor como seres humanos.

¿Quieres ser una persona de impacto, que deje legado, que sirva con excelencia y sinceridad, que perdure y se consolide con el tiempo? Debes tener empatía.

"En lugar de condenar a la gente, vamos a tratar de entenderlos. Vamos a tratar de averiguar por qué hacen lo que hacen".
Dale Carnegie

Bienaventurados los misericordiosos,
pues ellos recibirán misericordia.
Jesucristo (Mateo 5:7)

LA IRRESPONSABILIDAD

NO ES MI CULPA, ES DE ALGUIEN MÁS

Por desgracia, el tema de la irresponsabilidad es un clásico en muchas personas. Permíteme ser autocrítico (pero con cariño) al decir que los latinos, si bien no todos, somos un poquito irresponsables. Nos caracteriza muchas veces esto y así no se puede llegar lejos.

Somos la memoria que tenemos y la responsabilidad que asumimos, sin memoria no existimos y sin responsabilidad

quizá no merezcamos existir.
José de Sousa Saramago

Dicen que los líderes son el reflejo del pueblo. Los que nos dirigen o gobiernan son como una pequeña muestra de sangre que nos da un panorama de cómo está todo el cuerpo. Como reza el famoso dicho popular: "Cada pueblo tiene el gobernante que se merece". Y yo digo: Cada pueblo o persona tiene el líder que escogió.

La irresponsabilidad destruye o mata cualquier posibilidad de éxito duradero. La persona irresponsable cansa, desgasta. No inspira, no da gusto estar cerca de ella y menos aún trabajar con o para una persona así. No alienta ni apasiona seguir nada con este tipo de personas, organizaciones, empresas o ministerio. Seamos claros en esto, porque es la única forma de avanzar. Bien dice la Biblia: *"El que encubre sus pecados no prosperará; mas el que los confiesa y se aparta alcanzará misericordia"* (Proverbios 28:13).

CONSECUENCIA DE UN IRRESPONSABLE

Las consecuencias de la irresponsabilidad son muchas. Están categorizadas según mi experiencia y observación como: a) las directas e inmediatas y b) las indirectas o colaterales, y estas son como una onda expansiva que avanza progresivamente y afecta y perjudica a varias personas, proyectos, metas y objetivos.

Una de las consecuencias en las que me quiero enfocar son las directas e inmediatas, que son justamente donde se pierden oportunidades. Uno no puede sostener nada con la irresponsabilidad ni a corto, mediano o largo plazo. De forma inevitable, cualquier proyecto termina cayendo estrepitosamente por el mismo irresponsable que se convierte en un verdugo de sí mismo.

Debemos ser responsables tanto de lo que no hacemos, como de lo que hacemos.

La responsabilidad es el cumplimiento de las obligaciones o cuidado al hacer o decidir algo.

En pocas palabras: somos responsables como líderes y personas cuando cumplimos con las obligaciones que nuestro cargo o posición nos demanda. Digamos que eres jefe de un lugar, o gerente, un cargo importante dentro de una organización, empresa o ministerio. Solo por ese motivo deberías ser la persona más responsable, ya que como líder tienes la carga de ser un modelo para los que están a tu alrededor. Cosas básicas hacen la diferencia, como cumplir con tu horario de trabajo, llegar con las metas de tu cargo, la puntualidad, entre otras cosas que parecieran normales, pero que lastimosamente no lo son.

Debemos también como personas de visión, arranque y fuerza ir más allá de lo que supuestamente es nuestra "responsabilidad" y hacer ese "plus" que justamente nos destaca y nos lleva a servir a otros en sus áreas, aunque aquello aparentemente no sea estrictamente nuestra "responsabilidad". Como personas que pretendemos y creemos que llegaremos lejos y alcanzaremos el éxito no está bien que nos apeguemos tanto a realizar sola y exclusivamente el trabajo que nos corresponde, sin importar lo que pasa alrededor nuestro.

Es tentador creer que la responsabilidad es aquello que somos libres de elegir, pero la realidad es que nuestras responsabilidades son impuestas por el cargo o posición que tenemos intrínsecamente ("intrínseco" es un término utilizado frecuentemente para designar lo que corresponde a un objeto por razón de su naturaleza)[8] y por las personas que, consciente o inconscientemente, nos demandan por quienes somos, lo que, entonces, no nos da la real oportunidad de elegir.

Déjame explicarlo. Cuando llegas a un nuevo empleo, el primer día te dan tu lista de responsabilidades. Tú no las escogiste, solamente debes cumplirlas. Cuando te casas, sabes cuáles son tus responsabilidades ante la ley del hombre y ante la ley de Dios. Cuando vas a la escuela, al colegio o la universidad el profesor, director o tus padres te indican tus responsabilidades como estudiante. Así va ocurriendo en cualquier área de la vida. Reglas, deberes, obligaciones, de alguna manera, todas son sinónimo de responsabilidad.

Hace tiempo leí algo que me pareció muy interesante, y dice: "Si usted divide la palabra responsabilidad en dos sería algo como esto: Responsa – Habilidad. La habilidad que usted tiene para responder ante una situación determinada. Somos libres cuando nos hacemos responsables más allá de las responsabilidades impuestas por otras personas".[9]

"No se puede escapar de la responsabilidad
del mañana evadiendo la hoy".
Abraham Lincoln

---

8. Consulta en línea. https://es.wikipedia.org/wiki/Intr%C3%ADnseco
9. Consulta en línea. https://lideractivo.com.ve/el-lider-y-la-responsabilidad/

La persona responsable por naturaleza nunca espera que sus responsabilidades le sean impuestas por otras personas. Siempre se hace responsable de lo que le corresponde y de lo que no le corresponde, y sabe qué debe hacerse. Siempre está dispuesto a dar la milla de más, y si lo hace asume las consecuencias que eso implica.

Si eres responsable solo de aquello que te imponen, no podrás trazar lo que consideras tus verdaderas responsabilidades y, desafortunadamente, vivirás con la falsa idea de ser una persona o un líder responsable.

Estamos llamados a ir siempre más allá del promedio. Debes destacarte y no podrás hacerlo si no asumes más responsabilidades de las que los demás tienen. No podrás ser una persona relevante o un líder digno de seguir si te escondes o no quieres ser responsable por los tuyos, así como lo eres por las cosas que haces de manera personal.

CRECE: LA IMPORTANCIA DE LA INTEGRIDAD

Asumir responsabilidades es la manera más rápida, clara y firme de crecer y madurar. Cuando éramos unos tiernos y bellos bebés no teníamos responsabilidad en absoluto, todo lo que necesitábamos lo hacía alguien más por nosotros. A medida que crecíamos, asumíamos más responsabilidades de acuerdo con la edad, conocimiento y etapa que estábamos viviendo. Aprendimos que cumplir con nuestros deberes y obligaciones, ser responsables de ellos, tenía sus recompensas. Y en cuanto a la irresponsabilidad, también sus consecuencias no muy agradables.

"El precio de la grandeza es la responsabilidad".
Winston S. Churchill

En resumidas cuentas, una de las diferencias entre un niño o niña y un adulto es la voluntad de asumir de manera personal la responsabilidad de sus acciones. Ya bien lo decía el apóstol Pablo en el 1 Corintios 13:11: *"Cuando me convertí en hombre, dejé atrás los caminos de la infancia".*

La Palabra de Dios nos enseña lo que es la responsabilidad personal en Ezequiel 18:20: *"El que peca es el que morirá. El niño no compartirá la culpa del padre, ni el padre compartirá la culpa del niño. La justicia de los justos se les acreditará, y la maldad de los impíos se cargará contra ellos".*

No podemos engañarnos. El día que comparezcamos ante Dios no podremos echarle la responsabilidad ni la culpa a nadie más que a nosotros mismos.

La responsabilidad personal está relacionada con la ley de la siembra y la cosecha escrita en Gálatas 6: 7–8: *"No os engañéis; Dios no puede ser burlado: pues todo lo que el hombre sembrare, eso también segará. Porque el que siembra para su carne, de la carne segará corrupción; más el que siembra para el Espíritu, del Espíritu segará vida eterna".*

Asumir la responsabilidad trae sus beneficios; no hacerlo, sus consecuencias: *"Díganles a los justos que les irá bien, porque disfrutarán del fruto de sus obras. ¡Ay de los impíos! ¡El desastre está sobre ellos! Se les pagará por lo que hicieron sus manos"* (Isaías 3:10–11).

En el Antiguo Testamento se ven las bendiciones por obedecer y asumir la responsabilidad y los castigos por ser desobedientes. La ley enfatizó la responsabilidad de cada uno de los
seres humanos de responder de manera moralmente apropiada
a la verdad de Dios.

Dios definió de manera clara y directa lo correcto y lo incorrecto, y en consecuencia se esperaba que su pueblo hiciera lo
correcto. Esto viene desde el Génesis, cuando a Adán se le dio un
mandato específico y se esperaba que lo obedeciera. Más tarde,
Dios advirtió al hijo de Adán, Caín, que sería personalmente
responsable de sus acciones: *"Si bien hicieres, ¿no serás enaltecido?
y si no hicieres bien, el pecado está a la puerta; con todo esto, a ti será
su deseo, y tú te enseñorearás de él"* (Génesis 4:7).

La Biblia espera que como creyentes y personas de fe tome-
mos responsabilidad personal en todas las áreas de nuestras
vidas. Por ejemplo: las personas sanas deberían trabajar por su
comida. *"El que no esté dispuesto a trabajar no comerá"*, dice claramente en 2 Tesalonicenses 3:10.

Los hombres deben asumir la responsabilidad de proveer
para sus hogares, dice 1 Timoteo 5:8: *"Porque si alguno no provee
para los suyos, y mayormente para los de su casa, ha negado la fe, y
es peor que un incrédulo"*.

*"El mayor día de tu vida y la mía es cuando tomamos
responsabilidad total de nuestras actitudes.
Ese es el día en que realmente crecemos".*
John C. Maxwell

LA SERPIENTE ME ENGAÑÓ

Hay una conocida, curiosa e interesante historia que muestra perfectamente el tema que venimos hablando.

Desobediencia del hombre- Génesis 3:1-24

Pero la serpiente era astuta, más que todos los animales del campo que Jehová Dios había hecho; la cual dijo a la mujer: ¿Conque Dios os ha dicho: No comáis de todo árbol del huerto? Y la mujer respondió a la serpiente: Del fruto de los árboles del huerto podemos comer; pero del fruto del árbol que está en medio del huerto dijo Dios: No comeréis de él, ni le tocaréis, para que no muráis. Entonces la serpiente dijo a la mujer: No moriréis; sino que sabe Dios que el día que comáis de él, serán abiertos vuestros ojos, y seréis como Dios, sabiendo el bien y el mal. Y vio la mujer que el árbol era bueno para comer, y que era agradable a los ojos, y árbol codiciable para alcanzar la sabiduría; y tomó de su fruto, y comió; y dio también a su marido, el cual comió, así como ella. Entonces fueron abiertos los ojos de ambos, y conocieron que estaban desnudos; entonces cosieron hojas de higuera, y se hicieron delantales. Y oyeron la voz de Jehová Dios que se paseaba en el huerto, al aire del día; y el hombre y su mujer se escondieron de la presencia de Jehová Dios entre los árboles del huerto. Mas Jehová Dios llamó al hombre, y le dijo: ¿Dónde estás tú? Y él respondió: Oí tu voz en el huerto, y tuve miedo, porque estaba desnudo; y me escondí. Y Dios le dijo: ¿Quién te enseñó que estabas desnudo? ¿Has comido del árbol de que yo te mandé no comieses? Y el hombre respondió: La mujer que me distè por compañera me dio del árbol, y yo comí. Entonces Jehová Dios dijo a la mujer: ¿Qué es lo que has hecho? Y dijo la mujer: La serpiente me engañó, y comí. Y Jehová Dios dijo a la serpiente: Por cuanto esto hiciste, maldita serás entre todas las bestias y entre todos los animales del campo; sobre tu pecho andarás, y polvo comerás todos los días de tu vida. Y pondré enemistad entre ti y la mujer, y entre tu simiente y la simiente suya; ésta te herirá en la cabeza, y tú le herirás en el calcañar. A la mujer dijo: Multiplicaré en gran manera los dolores en tus preñeces; con dolor darás a luz los hijos; y tu deseo será para tu marido, y él se enseñoreará de ti. Y al hombre dijo: Por cuanto obedeciste a la voz de tu mujer, y comiste del árbol de que te mandé diciendo: No comerás de él; maldita será la tierra por tu causa; con dolor comerás de ella todos los días de tu vida. Espinos y cardos te producirá, y comerás plantas del campo. Con el sudor de tu rostro comerás el pan hasta que vuelvas a la tierra, porque de ella fuiste tomado; pues polvo eres, y al polvo volverás. Y llamó Adán el nombre de su mujer, Eva, por cuanto ella era madre de todos los vivientes. Y Jehová Dios hizo al hombre y a su mujer túnicas de pieles, y los vistió. Y dijo Jehová Dios: He aquí el hombre es como uno de nosotros, sabiendo el bien y el mal; ahora, pues, que no alargue su mano, y tome también del árbol de la vida, y coma, y viva para siempre. Y lo sacó Jehová del huerto del Edén, para que labrase la tierra de que fue tomado. Echó, pues, fuera al hombre, y puso al oriente del huerto de Edén querubines, y una espada encendida que se revolvía por todos lados, para guardar el camino del árbol de la vida.

Esta historia podría sonar simpática, pero no lo es, pues tiene una consecuencia trágica: termina con una lamentable y estrepitosa caída no solo para Adán y Eva, sino también para toda la humanidad. Consecuencias que hasta ahora estamos pagando.

Ninguno quería asumir su responsabilidad ante Dios por la deliberada desobediencia hacia su mandato. Cuando fueron descubiertos y cuestionados por Dios, Adán no tuvo una mejor idea que culpar a su mujer, Eva. Ella, a su vez, culpó a la serpiente de haberla instado a comer el fruto prohibido. Y, lógicamente, la serpiente ya no tuvo a quién culpar, así que mejor ya no dijo nada. Pero créeme, si por casualidad hubiera habido alguien a quien culpar, algún animalito que pasara por ahí desprevenido, la serpiente lo hubiera hecho sin ningún problema. No importa quién tuvo la culpa, todos ellos pagaron las consecuencias. Cada uno de ellos fue responsable de su decisión y del consiguiente desenlace sin importar nada más. Es así de sencillo: ante Dios todos somos responsables de nuestros actos y punto. Nos guste o no.

Casi siempre las personas tratan de evitar la responsabilidad personal y como estrategia buscan culpar a otros. Como ya lo dije, Adán trató de culpar a Eva por su pecado: "*Y el hombre respondió: La mujer que me diste por compañera me dio del árbol, y yo comí*" (Génesis 3:12), y Eva a la serpiente: "*Entonces Jehová Dios dijo a la mujer: ¿Qué es lo que has hecho? Y dijo la mujer: La serpiente me engañó, y comí*" (Génesis 3:13).

"El liderazgo trata de tomar responsabilidad,
no ponerse excusas".
Mitt Romney

A partir de ahí, el pecado se instaló en el hombre y la mujer, y la actitud de irresponsabilidad dentro esos pecados también: Caín trató de hacerse el desentendido en cuanto a su hermano, a lo ocurrido y a su responsabilidad ante ello: *"Y Jehová dijo a Caín: ¿Dónde está Abel tu hermano? Y él respondió: No sé. ¿Soy yo acaso guarda de mi hermano?"* (Génesis 4:9).

Y así sucesivamente el mundo fue avanzando, eludiendo responsabilidades y culpando a otros hasta llegar al más famoso juicio de la historia de la humanidad, donde un líder pasó a la historia como un cobarde que no quiso asumir su responsabilidad, concretando así el más importante símbolo de la irresponsabilidad en cuanto a la toma de decisiones y entonces echarles la culpa a otros, "lavarse las manos", se dice popularmente.

Fue Poncio Pilato quien intentó absolver su culpa en el asunto de la crucifixión de Cristo: *"Soy inocente de la sangre de este hombre"*, dijo. *"¡Es tu responsabilidad!"*, está escrito en el libro de Mateo 27:24, y en la versión *Dios Habla Hoy* la traducción es muy elocuente y clara: *"Cuando Pilato vio que no conseguía nada, sino que el alboroto era cada vez mayor, mandó traer agua y se lavó las manos delante de todos, diciendo: Yo no soy responsable de la muerte de este hombre; es cosa de ustedes"*. Y realmente todos nosotros somos responsables de que Cristo haya sido crucificado. No solo Pilato; pero este quiso evadir la responsabilidad que su cargo y posición le imponían.

Para finalizar, hacerse el desentendido ante Dios en cualquier área no vale la pena. Dios lo sabe todo y sabe que somos responsables de nuestros actos, más aún como líderes que somos: *"Puedes estar seguro de que tu pecado te descubrirá"* (Números 32:23).

¿CÓMO SER RESPONSABLES?

Debemos ser responsables si queremos llegar lejos, alcanzar nuestras metas, destacar e inspirar a otros. Asumir todas las consecuencias de nuestros actos como personas que quieren alcanzar algo significativo no es una opción.

Si no tomamos nuestras propias decisiones o simplemente culpamos a los demás, difícilmente podremos liderar a otros o alcanzar algo que impacte en la vida. Aceptar responsabilidad es un gran desafío que debemos experimentar para alcanzar cualquier cosa importante.

> *"Si tomas responsabilidad por ti mismo, desarrollarás un hambre para conseguir tus sueños".*
> Les Brown

Aquí quiero compartir alguno tips que aprendí y que creo que pueden servirte para crear en cada uno de nosotros una actitud más responsable y llegar así a ser más efectivos y de mucho impacto.

1. **No le eches la culpa a los demás.** No pierdas tu tiempo culpando a otros de tus acciones. Eso no está bien y además es de cobardes. Los cobardes no cambian, ni

crecen, ni avanzan, y mucho menos pueden liderar. Cuidado.

2. **Toma riesgos.** Aprende de las equivocaciones. Me acuerdo de un libro del famoso escritor sobre el tema de liderazgo John C. Maxwell, que se titula *A veces se gana... a veces se aprende*, y solo con este título ya podemos darnos por satisfechos. Tan original y a la vez revelador. ¡Inténtalo! Si no pruebas, no sabrás si funciona. Pierde ese miedo y toma riesgos. Creo que, en el peor de los casos, si no ganas tendrás la oportunidad de aprender algo.

3. **Buenas amistades.** Rodéate de personas que te inspiren a ser una persona responsable. Pero que no solo te inspiren, sino que te exijan serlo. Esto te ayudará a crecer y a no dar más excusas.

4. **Enfrenta el miedo.** El éxito y el fracaso nos ayudan a crecer en la vida en cualquier área. El valor no consiste en no tener miedo sino en enfrentar el miedo que tenemos.

5. **No te duermas.** Lograr algún tipo de meta no quiere decir que debes dormirte en tus laureles, como dice un dicho, sino todo lo contrario, que eso te inspire para asumir nuevas responsabilidades y retos que te ayudarán a seguir conquistando y creciendo.

6. **Sé positivo.** Abandona la actitud negativa y enfócate en cumplir tus metas e inspirar a otros. Así serás más responsable y tendrás la confianza de los demás.

7. **Anímate a tomar tus decisiones.** Dios te dio la capacidad de tomar decisiones guiadas por Él. No tomar una decisión *es* tomar una decisión, la de no tomarla. Pareciera un trabalenguas, pero sé que entiendes. El no tomar una decisión casi siempre termina mal, porque otros la tomarán por ti y casi siempre esas decisiones de los otros que no tomaste tú no te gustarán. Cuidado.

De estos tips toma lo que te sirva y practícalos. No destruyas lo que puedes construir, no mates tus sueños y futuro con la irresponsabilidad. No pierdas oportunidades de hacer la diferencia por culpa de no asumir responsabilidades.

Para ser una persona confiable y responsable es necesario que cumplas con todas tus obligaciones. Y si fallas, cosa que pasará algunas veces, acepta tus errores con humildad e inténtalo de nuevo.

"El noventa y nueve por ciento de todos los fracasos provienen de personas que tienen el hábito de ponerse excusas".
George Washington Carver

FALTA DE INTEGRIDAD

NO SER DE UNA SOLA PIEZA

La integridad es una importante cualidad de quien tiene entereza moral, rectitud y honradez en la conducta y en el comportamiento. Es un estilo de vida, no algo momentáneo o pasajero, es tu imagen interior, donde lo que dices y haces están en perfecta armonía.

Así también podemos definir que la falta de integridad es cuando una persona no tiene una entereza moral, no es recta y además es desahonesta con su manera de conducirse y comportarse. Las personas sin integridad viven una doble vida, donde son de una forma en un lugar y de otra muy diferente en otro.

Uno es o no es íntegro. No hay medias tintas con esto. Somos lo que somos. Ya sea que alguien nos vea o no. No tenemos doble vida, ni dobles intenciones. No hablo de perfección sino de no querer aparentar algo que no somos. Hablo de una armonía entre nuestro yo "secreto" o íntimo y nuestro yo público o externo. Bien dice el sabio Rey Salomón en Proverbios 20: 7a: "*El justo anda en su integridad*". Aquí habla en una conjugación de presente continuo. Es su modo de vida.

> "*La cualidad suprema del liderazgo es la integridad*".
> Dwight Eisenhower

La persona íntegra tendrá seguidores si da respuestas exitosas y ejemplares con el grupo de personas que dirige. La integridad es una cualidad que une la honestidad, la credibilidad y la sinceridad. En una posición de liderazgo o influencia, la integridad debe fluir naturalmente y se manifiesta en la forma en la que la persona se expresa, guía y reacciona ante los demás.

Para movernos en integridad debemos conocernos a nosotros mismos, tener un estricto código moral y comunicarnos honestamente con los nuestros, sin importar lo complejo de las circunstancias que nos rodean o las posibles consecuencias negativas que esto pueda acarrear.

Siempre debemos examinar aquellos principios que de alguna manera guían nuestro comportamiento, aquellos que aceleran el progreso y el desarrollo en nuestra persona de manera general. Para manifestar la integridad debemos tener congruencia entre nuestros comportamientos y nuestras creencias morales principalmente, sin importar las consecuencias.

Debemos establecer nuestros valores, principios y comportamientos que tendremos para con los miembros del grupo. Actuar y liderar con integridad requiere perfilar un estándar de comportamiento que los demás puedan ver y seguir.

Nunca te olvides de guiar y predicar con el ejemplo. Las personas íntegras se gobiernan a sí mismas, regulan su comportamiento y se imponen límites. No engañan, no roban y no hacen trampas porque saben que es moralmente malo e incorrecto. Tienen unos principios claros e inconmovibles.

"Integridad es hacer lo correcto cuando nadie está mirando".
C.S. Lewis

En el libro *Desarrolle el líder que está en usted*[10] dice que mientras más credibilidad poseas, más confianza tendrá la gente en ti, y en consecuencia te conferirán el privilegio de influir en sus vidas. Mientras menos credibilidad poseas, menos confianza depositará la gente en ti y más rápidamente perderás tu posición de influencia. Todo se levanta o se viene abajo a causa del liderazgo. El secreto para levantarse y no caer es la integridad.

Leí ese libro hace muchos años, y de él retuve la interesante lista de los efectos de la integridad. He interpretado la lista de

---

10. *Desarrolle el líder que está en usted,* de John C. Maxwell. Editorial Grupo Nelson, 1996.

acuerdo con mis experiencias, y comparto mis comentarios a continuación.

+ *La integridad produce confianza.*

Muy a menudo, las personas que tienen la responsabilidad de dirigir se vuelven hacia la organización para hacer que la gente sea responsable de seguirlos. Piden un nuevo nombramiento, otra posición, otro organigrama, una nueva política para detener la insubordinación. Lamentablemente, nunca logran tener suficiente autoridad para ser efectivos. ¿Por qué? Ponen la mirada en factores externos cuando el problema radica en los internos. Carecen de autoridad porque carecen de integridad.

+ *La integridad tiene un valor de mucha influencia.*

Su carácter determina el carácter de la organización. Las personas cambian de opinión por la observación y no por los argumentos. La gente hace lo que ve.

+ *La integridad forja patrones elevados.*

Los líderes deben regir sus vidas por patrones más elevados que los de sus seguidores. Esta realidad es exactamente opuesta a los pensamientos de la mayoría de las personas en cuanto al liderazgo.

+ *La integridad da como resultado una reputación sólida, no solamente una imagen.*

Imagen es lo que la gente piensa que somos. Integridad es lo que realmente somos.

+ *Integridad significa vivirla uno mismo antes de dirigir a otros.*

No podemos dirigir a alguien más allá del lugar donde hemos estado nosotros mismos. Muchas veces nos preocupamos tanto por el producto, que tratamos de acortar el proceso. No hay atajos cuando se trata de la integridad.

+ *La integridad ayuda a tener credibilidad y no solo a ser listo.*

Las personas que son sinceras no tienen que anunciarlo. Su sinceridad se ve en todo lo que hacen y pronto llega a ser del conocimiento común. De igual manera, la falta de sinceridad no puede esconderse, disfrazarse o encubrirse, no importa cuán competente pueda ser un administrador.

+ *La integridad es un logro muy difícil.*

La integridad no es un hecho dado en la vida de todo ser humano. Es el resultado de autodisciplina, confianza interna, y una decisión de actuar con una honestidad inexorable en todas las situaciones de la vida.

"El poder realmente es una prueba de carácter.
En manos de una persona íntegra, es de enorme beneficio;
en manos de un tirano, causa una terrible destrucción".
John Maxwell

UNA HISTORIA DE UN DÍA FRÍO

Esta historia la leí hace un tiempo e ilustra muy bien lo importante de la integridad y lo fatal de no ser íntegro.

Era un día frío de finales del mes de enero, en un terreno boscoso y denso que eliminaba cualquier mínima posibilidad de erradicar la monotonía del momento. En esta situación, se encontraba un candidato de las OCS (Escuela de Candidatos a Oficiales del Marine Corps), al cual se le asignó la responsabilidad de vigía en un puesto de guardia durante toda la noche. Lamentablemente, no cumplió con su cometido y se quedó dormido.

El coronel que se encontraba al mando de esta escuela se puso a meditar seriamente si dicho comportamiento merecía una expulsión inmediata de la Escuela de Candidatos. Un consultor con mucha reputación que ese día estaba presente en la reunión de la plana mayor para encarar unos asuntos formativos, le dijo: *"Son ustedes más estrictos de lo que pensaba. Aquel hombre solo se quedó dormido. No estaba en el campo de batalla; no puso en peligro ninguna vida, simplemente se quedó dormido en el bosque de Virginia. ¿Y eso basta para truncar su carrera?".*

"No tiene nada que ver con que se durmiese", replicó el coronel, *"cuando lo interrogamos, lo negó. Cuando se lo volvimos a preguntar lo negó otra vez. Solo cuando le enseñamos una prueba irrefutable, asintió".* El coronel explicó al consultor que la confianza y la integridad se consideran cuestiones de vida o muerte en el cuerpo de marinos. Y que si ese acto concreto de mentir y faltar a la verdad se traslada a un acto en donde se está realizando una operación real, esa actitud o vacilación puede ocasionar la muerte de un compañero.[11]

Esta corta, pero reveladora historia, puede ser aplicable a ti en el día a día. Aunque las decisiones que puedas tomar no

---

11. Consulta en línea: https://metaltius.com/2019/12/05/el-epicentro-del-verdadero-liderazgo-la-integridad/

signifiquen un golpe fatal o una muerte prematura como en el cuerpo de marinos, muchos actúan con falta de integridad perjudicando así al grupo u organización, incluso llevándolos a la catástrofe.

*"La integridad es el primer paso hacia
la verdadera grandeza".*
Charles Simmons

Si se sospecha que desvirtúas la verdad para favorecer tus propios intereses, esto propiciará de manera inevitable un ambiente de desconfianza generalizado. El equipo terminará dejando a un lado lo más importante que tiene todo buen grupo: la cooperación solidaria que se genera cuando el líder crea un espacio seguro, de respeto y confianza que a la vez inspira a todos a crecer, seguir avanzando y conquistando metas y objetivos.

La integridad es el cimiento básico sobre donde se construye la confianza en cualquier tipo de relación interpersonal. Necesitamos saber cuando nos dicen cualquier cosa con sinceridad. Si dudamos de la integridad de alguien es imposible proyectar juntos, pues no podríamos confiarle absolutamente nada.

La falta de integridad en la vida se suele traducir en hipocresía y mentira, aspectos muy perjudiciales para cualquier avance o progreso de una organización. Para las personas realmente comprometidas con los valores, la integridad es el fundamento primordial, la base sobre la que se edifican todos los demás valores que componen la organización. El poner primero a las personas de manera empática y el compromiso por su seguridad, desarrollo y realización son la esencia de una organización que responde a un propósito superior.

Las personas íntegras son quienes marcan el camino y la dirección para su gente. Estos, a su vez, se reproducen en personas íntegras, y así también los que no lo son se reproducen en personas sin valores, hipócritas, mentirosas y egoístas, que destruyen la organización, la familia, la empresa, el ministerio.

Debemos ser personas cuyo principal objetivo es decir la verdad cueste lo que cueste. La verdad duele, reza un famoso dicho. Pero la mentira duele mucho más.

Recuerda que, así como es el líder, será la organización que lidera.

"Debemos adaptarnos a los tiempos cambiantes y aún mantener principios inmutables".
Jimmy Carter

Todos deberíamos fijarnos bien en las personas a quienes seguimos e incluso para los que trabajamos. Pregúntate como seguidor o colaborador: ¿Me gustaría estar en una trinchera con esta persona resistiendo cualquier ataque? Si te consideras una persona honesta, pregúntate en serio: ¿Soy íntegro? ¿Genero confianza en mi equipo? Hazte un examen de consciencia de manera sincera y decide tomar el camino correcto, el de la verdad y la integridad.

UNA PERSONA ÍNTEGRA SEGÚN DIOS

La Biblia habla constantemente de la integridad, desde el principio hasta el fin. Por ejemplo, en el Antiguo Testamento, integridad en el hebreo significa "la condición de ser intachable, sincero, sensato, recto, moral". En el Nuevo Testamento significa "honestidad y la adhesión a un patrón de buenas obras".[12]

Jesús es el mejor ejemplo de un hombre y líder íntegro. Después de su bautismo fue al desierto y ahí ayunó durante cuarenta días y cuarenta noches. Durante ese tiempo, relata la Biblia, Satanás vino a Jesús en su momento más débil para tratar de destruir su integridad y lograr corromperlo. Lo siguiente es fundamental: Jesús fue ciento por ciento hombre y, a la vez, ciento por ciento Dios, y fue tentado por el enemigo en todo como nosotros, pero Él, a pesar de haber sido puesto en tentación y prueba, nunca pecó: *"Nuestro Sumo Sacerdote comprende nuestras debilidades, porque enfrentó todas y cada una de las pruebas que enfrentamos nosotros, sin embargo, él nunca pecó"* (Hebreos 4:15 NTV). Eso es integridad.

Jesús fue y es el único que nunca pecó, es el líder perfecto, totalmente veraz, con un modelo de vida de buenas obras. Como cristianos, estamos llamados a ser como Jesús. En Cristo somos nuevas criaturas.

> *"Las piedras angulares para un éxito equilibrado son*
> *la honestidad, el carácter, la integridad, la fe,*
> *el amor y la lealtad".*
> Zig Ziglar

La integridad en el mundo actual significa que seamos incorruptibles. Como ya lo expresé anteriormente: cuando de integridad se trata, no hay medias tintas, o lo somos o no lo somos.

---

12. Consulta en línea: https://www.gotquestions.org/Espanol/biblia-integridad.html

Los cristianos debemos ser aquellos que no podemos ser sobornados, porque servimos a Dios antes que a los hombres: "*Y todo lo que hagan o digan, háganlo como representantes del Señor Jesús y den gracias a Dios Padre por medio de él*" (Colosenses 3:17).

Debemos ser personas que cumplimos nuestra palabra: "*Pero, sobre todo, hermanos míos, no juréis, ni por el cielo, ni por la tierra, ni por ningún otro juramento; sino que vuestro sí sea sí, y vuestro no sea no, para que no caigáis en condenación*" (Santiago 5:12).

Fuimos llamados para amar de palabra como de hecho: "*Pero el que tiene bienes de este mundo y ve a su hermano tener necesidad, y cierra contra él su corazón, ¿cómo mora el amor de Dios en él?*" (1 Juan 3:17-18).

Como personas de fe estamos llamados a creer, confiar y seguir a Dios en todos nuestros caminos. Debemos alinear nuestras vidas con nuestra fe y confiar que sus caminos son los mejores: "*Fíate de Jehová de todo tu corazón, Y no te apoyes en tu propia prudencia. Reconócelo en todos tus caminos, y él enderezará tus veredas*" (Proverbios 3:5-6).

Es indudable que esto es todo un desafío. No es para nada fácil vivir con integridad en un sistema donde los corruptos parecen ser los ganadores y favorecidos. Pero pensar así no es bueno, ya que no es cierto. La Biblia habla claramente en el Salmo 37:1-15 (NTV):

No te inquietes a causa de los malvados ni tengas envidia de los que hacen lo malo. Pues como la hierba, pronto se desvanecen; como las flores de primavera, pronto se marchitan.

Confía en el SEÑOR y haz el bien; entonces vivirás seguro en la tierra y prosperarás. Deléitate en el SEÑOR, y él te concederá los deseos de tu corazón. Entrega al SEÑOR todo lo que haces; confía en él, y él te ayudará. Él hará resplandecer tu inocencia como el amanecer, y la justicia de tu causa brillará como el sol de mediodía. Quédate quieto en la presencia del SEÑOR, y espera con paciencia a que él actúe. No te inquietes por la gente mala que prospera, ni te preocupes por sus perversas maquinaciones. ¡Ya no sigas enojado! ¡Deja a un lado tu ira! No pierdas los estribos, que eso únicamente causa daño. Pues los perversos serán destruidos, pero los que confían en el SEÑOR poseerán la tierra. Pronto los perversos desaparecerán; por más que los busques, no los encontrarás. Los humildes poseerán la tierra y vivirán en paz y prosperidad. Los malvados conspiran contra los justos; les gruñen de manera desafiante. Pero el Señor simplemente se ríe, porque ve que el día de su juicio se acerca. Los perversos sacan sus espadas y ponen cuerdas a sus arcos para matar al pobre y al oprimido, para masacrar a los que hacen lo correcto. Pero sus espadas atravesarán su propio corazón, y se les quebrarán los arcos.

La integridad define y representa nuestra fe en un Dios santo ante todos a nuestro alrededor. Un cristiano que no es íntegro es un falso, y representa sus intereses personales y no al Dios de la Biblia. Nuestra manera de vivir, tanto en lo público como en lo íntimo y privado, siempre declara con mayor elocuencia quienes somos y qué creemos más allá de cualquier cosa que afirmemos con nuestra boca.

El justo que camina en su integridad,
bienaventurados serán sus hijos después de él.
Proverbios 20:7

En el ambiente político y social en el que vivimos se escucha a varios líderes, entre ellos religiosos, decir que la integridad, la vida íntima y personal de un líder son secundarias a las políticas y propuestas que promueve. Esta manera de ver las cosas puede coincidir con una filosofía práctica o pragmática de la vida y de lo que este sistema afirma, pero nunca con la de Cristo. Dios jamás estaría de acuerdo ni sería "pragmático" con una manera de pensar y creer que dice que el "fin justifica los medios". Dios es santo, y para tener comunión con Él es imprescindible un estilo de vida que se amolde a la integridad y carácter que el Señor tiene. Sin santidad nadie verá a Dios, dice en el libro de Hebreos 12:14, ya que es Él mismo quien pone los parámetros para tener una verdadera comunión con el hombre. Dios no anda con ambigüedades.

Se necesita de una vida íntegra para poder disfrutar de su presencia. El ser humano ve y muestra solamente las acciones que quiere ver y mostrar; por lo tanto, puede ser fácilmente engañado, pero Dios no. Él ve nuestro corazón.

Nuestra integridad y carácter es lo que a Dios le agrada y nos permite disfrutar de su presencia y las bendiciones que aquello acarrea. Leamos cómo estos pasajes de la Biblia nos muestran claramente este punto.

Jehová, ¿quién habitará en tu tabernáculo? ¿Quién morará
en tu monte santo?

El que anda en integridad y hace justicia, y habla verdad en su corazón.

El que no calumnia con su lengua, ni hace mal a su prójimo, Ni admite reproche alguno contra su vecino.

Aquel a cuyos ojos el vil es menospreciado, pero honra a los que temen a Jehová. El que, aun jurando en daño suyo, no por eso cambia;

Quien su dinero no dio a usura, ni contra el inocente admitió cohecho. El que hace estas cosas, no resbalará jamás.

(Salmos 15: 1-5)

¿Quién subirá al monte de Jehová? ¿Y quién estará en su lugar santo?

El limpio de manos y puro de corazón;

El que no ha elevado su alma a cosas vanas, Ni jurado con engaño. Él recibirá bendición de Jehová, Y justicia del Dios de salvación.

(Salmos 24: 3-5)

Los pecadores se asombraron en Sion, espanto sobrecogió a los hipócritas. ¿Quién de nosotros morará con el fuego consumidor? ¿Quién de nosotros habitará con las llamas eternas? El que camina en justicia y habla lo recto; el que aborrece la ganancia de violencias, el que sacude sus manos para no recibir cohecho, el que tapa sus oídos para no oír propuestas sanguinarias; el que cierra sus ojos para no ver cosa mala; éste habitará en las alturas; fortaleza de rocas será su lugar de refugio; se le dará su pan, y sus aguas serán seguras. Tus ojos verán al Rey en su hermosura; verán la tierra que está lejos.

(Salmos 33:14-17)

Nuestra integridad y conducta declaran con fuerza nuestras creencias y lo que hacemos, tanto en público como en privado, es igual o más importante que lo que decimos. Para un creyente, la integridad no es algo negociable, es requisito para tener el respaldo de las personas y, sobre todo, el de Dios.

Seamos de una pieza. Seamos íntegros.

CONCLUSIÓN

Alcanzar el éxito, conquistar un futuro de bendición y logros significativos es una gran alegría, es un privilegio, es un gran honor. Pero por sobre el honor y el privilegio es una gran responsabilidad.

Son pocas las personas que alcanzan el éxito, que viven sus propósitos y dejan legados realmente significativos. Tales personas están en peligro de extinción. Son asediados y están en la mira de estos *ladrones* que andan buscando personas llenas de sueños a quienes robar su futuro, matar su esperanza y destruir su vida. No lo permitas. Está en tus manos impedirlo. Cuídate.

A lo largo del libro pudimos identificar algunos de estos ladrones como la *victimización,* que se esconde calladamente detrás de una situación traumática del pasado y termina afectando gravemente nuestro hoy, para destruir así también nuestro futuro.

También está el *orgullo,* que es uno de los asesinos más comunes, pero letal y efectivo.

La *ingratitud,* que cierra puertas muy necesarias e importantes y aleja a la gente que nos ama y amamos.

Al creerte autosuficiente y *trabajar solo,* este ladrón terminará por aislarte de todo y de todos, y déjame decirte que así no llegarás lejos.

La *falta de visión* te nublará y no te permitirá ver más allá del ahora, del momento, sin poder proyectar para conquistar.

La *falta de carácter o el carácter deformado,* destruye todo lo que puedas construir con tanto esfuerzo y años.

La *mediocridad* no inspira a nadie, incluso avergüenza. La *falta de empatía* nos aleja emocionalmente de las personas que decimos amar y servir con pasión. La *irresponsabilidad,* que roba grandes oportunidades. Y, por último, la *falta de integridad,* que es un asesino silencioso que habita en la intimidad, pero tarde o temprano asoma su cabeza a la superficie saliendo a la luz para matarnos.

Todos estos son ladrones y asesinos muy efectivos, pero no imbatibles, que podemos identificarlos y con la humildad necesaria, una estrategia bien pensada y la ayuda de Dios, echarlos fuera de nuestra vida.

La vida no es fácil, es una carrera de resistencia y perseve-rancia con muchas luchas, desafíos y batallas. Debemos cuidar la vida, el propósito y el destino que Dios nos dio. No debe-mos dar lugar a estos ladrones y asesinos que vienen a robar y matar aquello que puede ser de bendición para tantas personas. Siempre habrá situaciones por las que deberemos pasar y lidiar con algunos de estos sicarios y rateros. El rival u oponente puede cambiar, pero siempre será muy fuerte y desafiante. No lo sub-estimes, pero tampoco le temas.

No cambies tu actitud positiva y de fe ante las circunstancias adversas que llegarán. Recuerda que deben encontrarte siempre alerta, fuerte, decidido y aferrado a Dios con toda humildad. Como una persona de fe, debes ser sabio para tomar las decisio-nes correctas, para que puedas tener una vida de éxito, impacto, influencia y trascendencia desde la trinchera que te toque estar.

Reitero, no tengas miedo, que la fe siempre gobierne tu vida. Sé excelente y practica la excelencia, ámala, porque es por donde más rápido llegarás al éxito duradero. Sirve con amor, pasión, empatía y determinación.

Que todas tus batallas te encuentren de rodillas ante Dios y firme ante el enemigo.

Que Dios te bendiga.

De parte mía, y seguro los que te aman compartirán este sentir, te agradezco por haber aceptado este desafío de conquis-tar hoy el futuro que Dios tiene para ti, y por querer vivir el gran propósito que Él diseñó para que anduvieses en él.

En cambio, los que confían en el Señor encontrarán nuevas fuerzas; volarán alto, como con alas de águila. Correrán y no se cansarán; caminarán y no desmayarán.

(Isaías 40:31 NTV)

ACERCA DEL AUTOR

Adolfo Agüero Esgaib es líder, conferencista, figura de los medios, consejero y reconocido emprendedor. Nacido en Asunción, Paraguay, el 4 de noviembre de 1979.

Es cofundador de la iglesia *Más que vencedores*, una de las iglesias más influyentes del Paraguay. Fue director del programa televisivo *Sálvese quien quiera*. Es co-conductor del programa semanal de radio *Fundamentos*, y conductor de las cápsulas "Solo un momento", emitidas por televisión, radio y redes sociales sobre temas de liderazgo y principios de vida. Es también fundador de *Gente que cree*, una organización enfocada en el tema del liderazgo estratégico.

Alcanza radicalmente con su influencia a miles de personas, no solo predicando en iglesias, congresos y eventos cristianos, sino por medio de organizar eventos multitudinarios en su país natal. Ha ayudado también a coordinar eventos importantes en los Estados Unidos a destacadas figuras como Luis Palau y Franklin Graham.

Autor de los libros éxitos de ventas *Hasta el final*, nominado a Libro del Año 2014 en los Estados Unidos; *En lo secreto*, nominado en dos categorías de Premios SEPA por Mayor Volumen de Ventas y Libro del Año 2018; e *Invencible*, nominado como Libro del Año 2019. Está casado con la cantante de góspel Laura Rojas, y tienen dos hijos y una hija: Mateo, Andrés y Leonor.